画中影

恶与反

[法] 朱利安 (François JULLIEN) / 著

卓立 (Esther LIN) / 译

华东师范大学出版社

目录

反面性：活化之动因

——译者序

2001年在美国纽约爆发的"9·11恐怖袭击事件"，对人们来说简直是不可思议的恐怖活动。朱利安在本论著里指出那是"恶"于全球化的时代被内在化而逐渐暗地里形成的耸人骇闻的爆发。

书名《画中影》，副标题：恶与反。后来此书以口袋型再版的时候，书名就改成了《恶与反》。这是用一个平常可见的意象：画面上的阴影衬托出其上的色彩和图像。换句话说，作为反衬角色的阴影是画作不可或缺的因素。本论著纵向横向地探讨"恶"这个两千多年来缠绕欧洲思想与文化的坏形象，提出"反面性"的概念来化解神义论、哲学和道德上都无法脱困的症结。

善恶二元论、斯多葛学派的智慧劝言、捍卫神的创造是完美的论证、历史正反合运动律、精神分析主张人用心理宣泄以企图脱离固恋等等。作者朱利安敏锐地抽丝剥茧，分析西方文明从古希腊源头一直到19、20世纪发展的精神分析和关于"存在"的思考。朱利安也提出了一个重点，即中国的过程思维提供了一个可参照的资源，把正反想成整体运行的动因，亦即阳而阴，阴而阳；那么就可去除"非要完全正面不可的状态"的迷思。此外，作者也说明，中国人比较忌讳"偏离"而不是欧洲人认为的"邪恶"。

这本论著是针对欧洲读者发言的，但是其所呈现的有关欧洲文哲史之剖析也给欧洲域外的人士提供了激发省思的论述。如果只谈华人世界，我们从作者就"恶"这个主题所爬梳整理出的欧洲人的看法以及他们的盲点或困境，可以初步看到（作为"理想"的）"应该如是"如何推动了欧洲人，又如何使他们苦恼。反思己身，中国思想与文化脉络当中的"善"与"不善"、"阴阳相生"等等以及与过程性相关的观念，就会经由与欧洲的面对面而显得更有意思，或说会凸显出我们之前没注意到的特点。重点不在于中国与欧洲二者哪一个比较优秀，而在于我们如果对"恶与反"具有全面而深入的认识，就可不仅有生活智慧，还可在生活中真正地"存在"。本书末就以"存在"作为结语；按照作者的意思，"存在"表示自己跳出当下而自立于处境之外，"存在"因此是绝对性的。

　　由于本论著处理的问题相当复杂，应作者要求，译者顺序逐一作了章节摘要，方便读者进入本书。

章节摘要

致读者 ▌

"画中影"是一个古老的意象,指出一幅图画需要阴影以突出其中的色彩。它的引申义是痛苦会凸显舒适的可贵,病痛叫人更珍惜健康,战争使人更看重和平,等等。人们对生活的逆来顺受似乎使人忘记探索该阴影。可是,"画中影"强迫我们回溯到哲学的上游那个哲学赖以建立的"源—哲学"。这个部分向来被宗教覆盖,并且因哲学很难捕捉到它而被弃置于哲学殿堂之外。幸亏伟大的小说家在他们的作品里描绘该阴影。

"画中影"倒是透露出某种暧昧性,因该意象事实上涵盖了一般被人们混淆的两种观念,就是阴影制造了污点,所以是"恶";但是同时人们发现阴影是一个事物整体结构的组成元素之一,也就是说,事物背后的影子变成了"反面性",与其他因素配合而让一个整体产生力量。

当我们细察"恶"与"反",就发现它们其实是对同一件事情有不同的甚至是相反的看法。善恶二元对立论早就无法对人文作出各种诊断,一味地为反对而反对的立场也不能使我们真的看到被深埋的无可置疑的平庸。作者提出,人类要在自身里面,借由自己从他本身的种种变化出发,去自我观照而反思自己。人不再一开始就给自己定下规矩,而是耐心地观察和研究人内在的各种可理解性并且找出其他的可能资源。

绪 |

　　作者一开始就指出全球化的论述总呼求"完全正面性"，但是这种正面性具有陷阱。完全正面性的结果是，不再有可以用来表达反面性的"外部"，暴力被内在化了，没有要打击的明确的外在负面因素（敌方），因此产生了恐怖活动。这有两个"默化"现象：一是，冷战时期和阶级斗争时期都过去了，人类的暴力或说反面性被"潜抑"了；一是，"宣战"的时代结束了，当今人们避免像20世纪那样发生世界大战，导致各地的冲突和暴力被内在化。不去面对反面性，不愿承认反面性的运作功能，"9·11恐怖事件"的爆发就不足为奇，因那只是默化的突发性外现。

　　即使当代埋藏反面性，可真理越辩越明，好比古希腊人的民主运作方式，亦即你的逻各斯对抗我的逻各斯，正论与反论就由第三者（听众、观众、公民）根据他们所听见的正反对峙辩论情形而作出判断。

　　欧洲的兴盛向来就归功于众多人民之间的间距与城市之间的间距所制造的张力，这个力量促使每一个参与者开发自身的资源，同时利用他者的资源，因而往前进展，共同建造大欧洲。然而，当欧洲人逐渐忽略语言翻译的角色，追求使用一两种语言作为大家沟通的官方语言的时候，以便作为目的的"划一"就取代了具有理想要求的"普世性"。这就是为何作者呼吁知识分子应有新形象，亦即有能力妥善管理并提升"反面性",而不是努力剔除或消毒反面性。

一 ▌主体/过程；救恩/智慧

本章对"（邪）恶"与"反（面性）"之间的歧义细腻地作出了分辨，譬如，"邪恶"是出于道德性的考量，"反面性"则源自某种功能性；或如"邪恶"指涉某个主体的观点，"反面性"则使人回到过程观点；又如"邪恶"是戏剧性的，"反面性"则是逻辑性的，等等。随后，作者爬梳了欧洲文化底蕴的基督教救恩思想以及逻各斯对智慧的探求。救恩来自某种恶的概念，其出发点是灵魂；智慧则把反面性纳入考虑之中，主张正反二者合作共事。"恶是错失"所释放出来的救恩思想，会制造戏剧性的张力而激动人的感情；智慧则把恶理解为"反面性"，应和了万物转化的秩序，因此是宇宙和谐运动规律。

作者也从救恩与智慧出发而进一步地分辨"圣人"与"贤人"，认为中国贤人所开辟出来的道路，正好与西方的圣人的路相反；因为后者努力要从邪恶中解脱出来，而前者认为正反二者是相克相生，这是宇宙生成变化及其不断更新的贯通道理。

即使柏拉图为了建构有关灵魂的理论而不得不借用堕落神话，逻各斯仍然主导着他的思辨。柏拉图在推理当中提醒过读者："反面性"乃使用语言里所给的可能性来完成其否定的任务，他承认"非存有""存在"着，而在某个层面上，"存有"是"不存在"的。作者在本章的结论里提出，欧洲的哲学和文学发展与变革并没有真的脱离救恩神话,譬如,但丁受基督教圣经的启示而写出他的文学作品;甚至黑格尔的正反辩论最终却逆转而变成神话式的;普鲁斯特的《追寻逝水年华》也透露出类似的得救神话。

二┃善恶二元论与斯多葛主义: 述说或描绘

从前一章所讨论的救恩与智慧问题出发,本章分析善恶二元论(包含所有的二元对立论)与斯多葛主义如何看待和处理"恶"和"反面性"。一些历史事件和文献显示这是跨文化并且跨历史的现象。打击邪恶的战斗是远古以来的一种叙事内容:善恶之间、堕落与得救之间、光明和黑暗之间的纠缠与争斗。奥古斯丁就认为,恶想批判善,此乃承认它渴望善,因此实际上是颂扬善。

然而,斯多葛学派在逻辑上主张善恶"相伴",所有的反面性都暗示与它们相反的另一面,于是,善本身就足以解释恶,美德就足以说明邪恶之存在。他们按照"相反的事物具有相似点"的观点,强调宇宙整体的秩序包含正反二者。要抛弃必然导致戏剧化的叙述(因需要情节),只需要"描绘"现象,因描绘使众成分一起挺住。

三┃神义论里的顺从生活或论哲学中不可建造的

欧洲"神义论"的目的乃要证明神所创造的世界是合理的。斯多葛学派并不满足于描绘,还为造物主神辩护。奇诡的是,身为被造物的"人"发言了，要为造物主脱罪。人，更准确地说，智者，为神辩护，说这个世界一点也不邪恶或荒谬，并认为在所有的可能存在的世界当中，我们这个世界是最好的。

　　人走出了被造物的景况而思索起种种情况的成立条件，并在理性推理上认为这个宇宙是理想的方程式："世界上，甚至世界之外，凡是可想象得到的，都有其存在成立的条件。"但是这个已被同化成思想底蕴的论说其实是"假设"的，是人投射出一个预设并且努力要证明它。连康德也认为，目的藏于大自然之中。这些不同的论说几乎都回到神义论的框架里。神义论的陈列：自柏拉图（神绝不可能"在任何的关系中以任何方式不公义"），或至少从克利西波斯（公元前281—前205）（他关于神义论的论证，一大部分见于西塞罗的著作里，经由塞内加（Sénèque，约公元前4—公元65）的《论天意》而显露）、普罗丁（205—270）（《九章集》，卷三，2和3）及奥古斯丁（354—430）（特别是他那些反驳善恶二元论的著作），由托马斯·阿奎纳（Thomas d'Aquin，1225—1274）接棒（他也衔接亚里士多德－亚维仙流派（Aristote-Avicenne）：《论恶》，卷一，48和49）；最后笛卡尔（1596—1650）（《思想录》，卷三和卷四）及帕斯卡（1623—1662）的（《向神祈求善用疾病》），斯宾诺莎（Spinoza，1632—1677）（他那本融入了神意的《神、人与至福》是《伦理学》的雏形——或说《伦理学》不就是一切神义论的绝对化吗），一直到马勒布朗绪（Malbranche，1638—1715）、莱布尼茨（Leibniz，1646—1716）（他的《神义论文集》涵盖了这个概念并且以其作为书名），最后是康德（1724—1804）那本著名的《计划》。

神义论主张顺从生活，其中的不幸只会突出神的美意。哲学于此点上倒是没作出什么进展。重要的哲学家们似乎以个人方式重新应用神义论论证库存里的片段，即便像莱布尼茨援引了最大数和最小数运算的数学模式，将神义论推向极致，他也不过在那些看似真理的规律当中从一条过渡到另一条。我们因此观察到，在哲学发展内部的确有默契基源；即便哲学总以强迫的做法要理清楚它所探索的客体，构成哲学的默契基源的一些平凡无奇的神义论论点，反而每一次都能通过严密推理的筛选。这也许是欧洲人的智慧之道吧。

四 | 论如何减少恶（使其只有阴影的地位）

神学传承和哲学探索都曾经努力要减少"恶"，使它只有阴影的地位。斯多葛学派的修行建议提出了与宗教上的禁欲教条大致相似的看法，亦即世上有错误、不安、忧伤等等，也有疾病、贫穷、灾害等等。这些语汇让人感觉到人类的痛苦，也叫人听见某种缺乏：缺乏真理、缺乏自由、缺乏健康、缺乏秩序等等。就是说，古希腊人不认为"恶"本身是原则性的而有它自己的实质；他们认为"不在者"（亦即缺乏）才是"恶"，一切的"恶"只是某种"缺乏存有"。

"恶"像阴影一般地突出色彩。的确，当我们回到神义论，但是把神搁置一旁的时候，发现故事要有恶的情节才会充满激情，才会高潮迭起。即使人们一般不承认"恶"本身是一种力量并且从这个力量出发使历史多多少少变得戏剧化，善恶二元对立论的诱惑仍然反复出现,甚至被称作"恶之轴"。换句话说,"恶"的形象具有神话性功能以滋养故事。

古希腊哲人追求"美"和"善",而且把"美"置于"善"之前。苏格拉底认为没有人故意作恶,更准确地说,没有人心甘情愿作恶;柏拉图绍承之,普罗丁继续绍承该想法。可是这个观点站不稳,因为"过错"不等于"错误","犯罪"也不是"搞错"而已。那是本生的"恶意"吗?如奥古斯丁所主张的;抑或"偏差"(亦即"没击中")?如普罗丁的看法:恶是一种对善的渴想,但是"转错"了方向,"人的向善之心使他们互相犯错,因为他们达不到善,便逐渐远离该目标,因而彼此相残"。

必要细察思想里的老生常谈,以便解除反复出现的迷思。哲人们以为道德上"恶"没有实质,道德上的"恶"只是一种瑕疵,如普罗丁所说的,那是"善"的某种缺失。奥古斯丁回复善恶二元论时也说,恶不是一种实质,而只是某种实质的腐坏。这些哲学上和神学上试图拆解恶的魅力及其奇异力量,反而让人看到,恶之所以令人着迷,正因为人在恶中伸向虚无;人在绝望当中为寻找出路,就在满满存有之中挖出一个破洞。

对奥古斯丁提出本生的"恶"不过是差错的最终产品,普罗丁倒是认为,在道德上,人有为恶能力,这使人发现他的自由,亦即他能自由地决定作恶,此乃人的自由原则。相较于人类之外的其他物种,人作为发展的出发点而与众不同,他独立并且自认为如是,此乃人的独立原则。关键就在此,人正是经由作恶的可能性而发现自我,而提升到主体的地位,以自主的主体姿态面对世界。

五｜论对恶的吸纳（或论画作的逻辑）

"善"与"恶"的面对面，乃出于组合上的方便，因为人们观看恶的演出，好似看神话故事一样。要进入智慧，首先就必须不再相信恶，既不相信道德上的邪恶，也不相信身体上的疾病。因为这些看法一旦离开个人观点，就会认为那些病痛乃是世界之流周而复始的运转。柏拉图认为该说法来自荷马，亦即身体的病痛被淹没于一个宏观而整体的逻辑里。目的是要吸纳恶，使恶和疾病化解于生活这条川流不息的大河里。

然而，这种显而易见的说法有哲学地位吗？在"真"的上游，亦即真的或不是真的还未分开之际，不会引发思考。我们的哲学家所感兴趣的并不是真理的全部，而是真理不琐碎的部分。

神义论论证库存里的杂物虽然没能力建构概念性的理论，却仍然不停地被历代的哲人收编。普罗丁这么做，甚至为神义论作总结的莱布尼茨也这么做。塞内加因为必须说服他的读者，则用了修辞学上的"多样变化"，以通过修辞意象理性地建造那些太基本的事物。但是无可救药的平庸仍延续着，诸如，病痛有助于必要的多元性。

斯多葛学派强调"全体"的贯通道理，众多的部分就如卷入汹涌波涛当中的个别泡沫；以此劝诫人们脱离个人的短视而改变观看事情的尺度，就是说以宇宙为衡量标准而将己身提升到宇宙整体的广阔境界。能从如此辽阔的视野看出去，那些先前被个体视为吓人的事情此刻就不怎么样了。该学派认为，生活于是显露其整合能力：个中有贯通道理，有默契。不过，因为缺乏足够的客观距离，生活不可能是"知识"的客体，可人们自古以来就是生活的同谋，生活会吸纳一切喜怒哀乐。宗教呼吁人们去"聆听"得救福音，斯多葛学派则教导人们看待生活的艺术。

连普罗丁也说："我没有权利抱怨。"世界会因我的不完美而更完美；神乃画家，他的画笔中所留下的瑕疵，正是要凸显出该画作的笔触。他强调画面由种种不同成分一起达成和谐，他也援用希腊神话中的牧神"潘"的笛子长短不同的管子发出多种音符而共同产生旋律。奥古斯丁则以演说时的更新规则来说明对恶的吸纳。他认为比喻里的字、声音、动作前后相连就足以形成整体性；这前后相连就隐藏在生活"自我吸纳整合"的流程之中。

上述的努力使生活和谐的自圆其说似乎都掩盖了"生活的智慧难道不是非理论性的吗"。作者引用蒙田的思维的一个特点，就是通过"我—主体"去改变他的时代中受到贬斥的平庸事物。蒙田的确触及了某种"源—哲学"的生活智慧。所谓"源—哲学"，就是哲学起飞所必须凭靠的事物，它们先于哲学并且给予哲学养分。

六┃神义论的矜持，或说为何它们要使恶合理化的论证总是不足

神义论试图把恶纳入善而使恶被吸纳了，因此逐渐地转化恶之

前的形象。恶不再与一个"应该如是"对立,它的功能性反而被凸显。他们不再从个别主体的内在性观点出发而从事情运作过程的整体性观点出发,将恶整合入世界现实运转当中。"恶"便顺着整合—合作—过程而转成"反面性"。然而缺乏一个可以深入地处理"反面性"的思考概念。

神义论虽然看到"反面性",却从来都不愿思考"反面性有其价值"的主要原因,是由于它们总要为"神意"辩护,它们的目的就是解除恶,平抚恶。它们不应该只问:"恶有什么作用?"而应该追问:"善究竟缺乏什么?"这是因为它们不问善何以需要不善,善是否无法自我满足而必须离开自己。

善发现自身的不足,这不是面对世界,而是"面对自己"。换句话说,在某种程度上让"连自己也无法忍受自己"凸显出来,不是吗?总是幸福、全然的幸福,譬如公主和王子结婚并生了孩子,持续的快乐日子。故事就此打住了,因为不再有吸引人的情节。这样的幸福叫人无聊。反过来,不幸的境遇和不安会刺激人努力突破瓶颈而冲破大浪。这样的反面性使生活紧凑而有趣。

我们都知道没有所谓的生然后死,因为死如生的反面,不停地与生共进。生物学家说,对细胞而言,"活"就是"幸存(余生)",亦即不断地延迟那总是伺机而行的自我毁灭。于是,死不仅突出活,死还推动活。即时行乐论不就是劝人好好地活在当下、享受当下吗?

此外,长生不死也令人难以忍受。如果说人们乐于呈现长生不死的神明以逃离人的限制，我们仍然看到那些不会死的神的幸福只能在"人类会死"的最初条件之下才能成立。在发明不死之神之前，死所打开的可能性是不可后撤的，从此带出了"意义"问题，并且人的命运也独立凸显出来了。人的生存条件在"永恒"里是无法想象的。没有死这个反面性因素，非但永恒的生活令人难以忍受，生之观也难以捕捉。

神义论认为太贴近地思索正反之间的联系是危险的事情，于是投射到一个遥远的意象，即"神意"，并且试图证明恶之所以存在，乃因为缺乏恶就不再需要神意，逻各斯也不再工作了。因此，一切的活动之下都有反面性，好似没有反面性，我们就无法站立，无法工作，无法生活了。总之，人们活在神意之下。

普罗丁认为，每一种正面性总会浮现出某种不安，不安乃是那种无法在整体之内安宁当中持续下去的状态。不安因此启动一个解放过程以脱离存在的常轨。普罗丁的论说并不是针对神意而是企图阐明时间的莅临。既然相对于绝对的"永恒"，时间是"永恒"的反面性，所以只能是消耗。于此，普罗丁也援用了"堕落"观来解释"永恒"之外的时间观。然而在他试图定义时间之际也提出了："时间"如何可能同时是"时间"又不是"时间"，同时是制造活动的主体和承受活动的客体呢？他似乎瞥见了一个现象，就是为了建构不附着于自己的能力（即反面性），必须拿掉"定义和排除是不相容的看法"，而在定义独立并且不改变的表面之下，去发现一种面对定义自己而产生不满足的逻辑，该逻辑就在自身里面拓展自身的反面性。

七 ▎在哲学史之下：神意"地理学"

欧洲哲学背靠着神义论而变成非历史性的，一部哲学史就相当于一项发明。人们倒是无法想象一部智慧史。欧洲之外是否也有神义论？印度教和伊斯兰教确实也有它们自身的神义论传承，并且具有与欧洲神义论类似的论证片段和教条工具。

于此，中国倒是作出了间距，因为中国把上帝边缘化（那不是西方所批判的上帝）。中文里没有如欧语的"神—公义"（théo-dicée），也没有随之而来的"神意"（providence）思想。中国有经由"天"、"地"配对运作的调节思维。它既然没有西方式的伟大神话故事，也就没有西方文明中缺乏、分裂、失去的威胁，欧洲人呼吁"意义"以填满裂缝。中国人面对生成变化保持警戒之心，但是不担忧；他们在道德上的位阶都是处于大自然之内的。

八 ▎宇宙的调节：意义或贯通道理

思想能从何处出发？"存有"的认识论、"他者"的爱、过程调节思维，这三者之间的分岔。过程性的能力（德）及其衍生的道。《论语》和《中庸》都主张"以礼顺天命"。然而当先秦百家齐放的同时，旧政权瓦解，人们逐渐脱离礼仪规则，从此出现了个人抱怨（即反面性的呈现）。个体"我"的声音涌现了。主体通过抱怨才能抽身脱离事物进展的过程，才能宣告他拒绝埋藏苦衷，因而表达"人之为人"的自主意识。

然而自古代以降，中国人的抱怨被没收而主题化为忠臣所发的怨言（譬如屈原）。抱怨囊括于政治运作当中，这情形阻碍了个体自由之道。古代中国遗弃了宗教性的上帝，没在理论层面上建造乐园，缺乏最终的审判，连孟子也因此陷入困境。

中国人的努力确实突出了一个思想共同体，使人得以看出其中的逻辑向度。我们也观察到，在佛教传入之前，中国消减救恩而发展智慧。譬如孟子深入地发展"天"的思想而带出一种让人可以接受人的挫败的超越性；宋代文人从"事理"和"本"的观点出发拒绝将善恶对立起来。

我们通过文化之间互相地揭开面貌而从事人文的自我反思，欧洲经由理性逻辑的组合以减少恶，中国将恶的消解建立在过程性的能力（亦即"德"）上面，自微小到无穷，怨言因此消解于内在性的逻辑里。这就是中国思维的"贯通道理"。他们将反面性和正面性整合如"阴"、"阳"，他们认为生死乃气之聚散。中国贯通道理的机制便是在反面性的阶段侦查出新的正面性之"幾"（《易经》里的"幾"）。

九 ┃ 合法化的矛盾（神义论之结束）

"相反对立的事物"是唯一可能的出发吗？在希腊，相反事物被提升到"在其自己"的地位，这是圈定性的独立地位。自古代希腊以降,对立二项悲剧性地彼此排斥而需要一种理论建构,然而中国思想里的正反对立项是不可分离的。中国因此照明了欧洲思想所含的悲剧性,就是相反二物被定义成实质而各自封闭起来,它们彼此排斥而使生活硬化了。

哲学被"分开以进行理想化"套住了,渐渐地跟生活没关系。柏拉图提出"养心"以提升心灵。中国哲人提出的"养生"(既非心亦非体),并不分开心体,认为生活全部就凭靠其养生潜能并且通过该潜能而实现的。那个分开相反二物必定产生意义的问题(亦即信仰)于此就消解了。中国并没设想灵魂不朽,没把死亡想成断裂和终结,而是想成"化"。"化"是过程性的,完全是现象性的,其操作是通过去个体化而回到浑沌来进行的。

打开造成排斥的定义,而重新找到把相反二项连接的贯通道理,此乃过程逻辑。从贯通道理的角度而不从意义的角度阅读赫拉克利特,就可看出字面上的矛盾性透露相反二项实际上是彼此相联的。譬如他以矛盾方式说:"不死者:有死者;有死者:不死者。此之生为彼之死,彼之生为此之死。"

要把矛盾想成合法的,就要从哲学的不矛盾原则(亦即,我们不能同时说 A 是 B,A 不是 B)里解放出来。也要重新看哲学史,从赫拉克利特到黑格尔,思索反义词。黑格尔在《精神现象学》里发展了反面性的必要性,我们看到反面性的确越来越被内在化。波牟认为上帝也在其自身里整合了反面性。

"自己"本身自我矛盾。安置正电的时候就需要有负电,这不是说电流是接在正负电的某种混杂电,而是因为"正面性只与反面性有关系之下才存在"。自己异于自己,这现象本身才是反面性。

黑格尔两个重要的操作,即一方面使矛盾里的合理性凸显出来,另一方面也将反面性整合成正反间辩运动的一刻,因而非常成功地了结了神义论。黑格尔之后,人们不再等待来自另一个世界的"和好",每一个间辩过程之后总会形成"合"(正反合),亦即黑格尔所称的"绝对知识"。从大自然到历史,这间辩逻辑便是使历史合法的机制。但是黑格尔的正反合的间辩法具有暧昧性,因其用一个手势把正反二项纳入两个各自独立的观念里,亦即"全体"和"目的"。

十 ┃ 平行的历史: 相反/矛盾/反向诱导

"矛盾"自身照亮了所有现象特有的发展性质,宣告了宇宙形成的进程逻辑。毛泽东在高举马克思和列宁的历史观之后回到中国的"阴阳"观和"矛盾"说。作者认为,中国人的"矛和盾"意象所揭露的,不是欧洲人所说的"矛盾"而是"相反对立";换句话说,不是逻辑推理上两个相反项彼此排斥,而是容许万象无穷更新的互动变化。

中国早就预想了矛与盾的不相容,但是没试图进一步地把矛盾理论化。即使中国人想过以打开相反二项之间的对立而使之相通,譬如善于辩驳的晚期墨家提出了"悖"以定义说辞里的"不合法性（不成立）"，反对拒绝悖论的人，认为"以为所有的论述是矛盾的，这本身就是矛盾的"。作者认为，古代中国最有深度的思想家努力做的，其实就是化解矛盾而不是辩驳它。

道家思想主张"无生有"，因而处于欧洲本体论的断层之外。"无"这个反面性的阶段不是"非存有"而是"未成形—未分化"，作为万物的"共通基源"，这基源既是根底也是资源。道家也用"虚"穿越为用，就是说"无"拆除了"有"带来的排他性而超越矛盾以为通。

《老子》里通过解放定义上的陷溺以使人听见字面上的矛盾，如"上德不德，是以有德；下德不失德，是以无德"。《庄子》里也常出现正面性与反面性之间的反转游戏，如"因是因非，因非因是"。一旦我们要捍卫某种假设，它就引起反驳，哲思因此受限于捍卫之心；每一方因持守某个观点而造成偏颇，因而自我孤立。庄子建议"虚位以待"，他使相反二项互相敞开，将相反项纳入持续过程里，过程就更新无穷，生就以"化"不断而成。贤人"游于道"，如"鱼游于水"，这与哲学从宗教出发而悲剧性地强调有目的性的存在相反。道家经由"化解"处理反面性，黑格尔乃用"超越"正反二项以取得"合"。

根据《老子》，相反事物的操作性使自身导往反方，如"将欲夺之，必固与之；将欲弱之，必固强之；将欲废之，必固兴之"（"固"表示根据内在性逻辑）。此乃"以退为进"的道理。

十一 ▎有推动力的反面性/使瘫痪的反面性

黑格尔的间辩理论主张"反面性是动力",就是反面性经由被定义的事物内部的不相等而阻碍它们满足于自己的现在,并脱离自身的固定和孤立,因此是事物生成变化的动力。换句话说,自我不相等,使自己超越自己而将其提升为主体。这是重要的转变:因反面性而进步。

然而从中国思想的观点出发,我们无法忽略黑格尔在阐明反面性如何用自我内在化并自我反思而变成"建构自己的运动原则"的时候所援引的种种例子,都是来自建设欧洲理性发展的一些特殊理论选择。

黑格尔就反面性的运动原则提出了三种层次的否认:1. 欲望所否认的外在世界。2. 受到否认的另一种意识。3. 以"受封为圣的是永不改变的"为名义,自己否认自己。自我意识里反面性的内在化(以及进步)。

与黑格尔主张的反面性相反的,有一种不可回收的反面性(绝对负面的反面性),也有叫人萎缩并使人瘫痪的反面性,值得我们细察该反面性并描述它。因这样的反面性不再凸显,而是埋于内部而不喧哗,使结构呆滞而自我关闭,因而变得毫无生气。

精神分析的治疗工作:试图将使人瘫痪的反面性变成具有动力

的反面性。

十二┃恶之场景：僭越或固恋？

　　精神分析所作的转移：从恶转移到反面性；然而精神分析是凭靠欧洲理论想象而建立的。精神分析在欧洲文化里所导入的断裂，比较不是发现了无意识这块隐藏的新大陆，而是关于"自我"出现的问题之无意识的潜在移位。它不再探问"应该如是"而是探索如何调节人的种种心理能力。它伴随反面性的作用，试着使该反面性逆转到具有动力的反面性，或说使它从"瘫痪"变成"转化"。精神分析说过，会产生反面作用的压抑是不可避免的，甚至对人欲望的建构是不可或缺的。

　　道德邪恶因此被搁一旁，可那场僭越和内心痛苦纠缠大场景仍然留了下来，奥古斯丁就以偷苹果之例而说出他是为了"僭越"快感而偷。他就在此处陷入"意义"命题之中，而只有紧抓着"上帝是绝对的"想法才找到出路。也就是，他在自己的恶行里瞥见他对造物主的自由与全能的"模仿"，既堕落又"反常"的模仿。

　　在过程视角里，恶在中国被想成瘫痪—固恋。中国不是用自由意志抉择或僭越去构想"不善"，中国未曾停止思索人性，越来越把不善想成是过程性的问题或者是"道"通不通的问题。所以是从纯功能性的观点并按照过程逻辑来思考的：用反义词来思索"不善"，譬如"陷溺而萎缩"和"滞"，以及因"不通"而瘫痪。在《老子》里，即使美德都是固恋的开端。

关于如何理解在纳粹集中营里的邪恶，作者认为，那是一种极端形式的邪恶，当人们拒绝肤浅的解释的时候就难以阐明了。一方面，精神分析里的虐待狂一类的异常情况只符合一小部分的例子；另一方面，奥古斯丁的僭越之说也无法解释，集中营里所犯下的疯狂恐怖乃是日常持续发生的罪行，而不再是耸人听闻的突发事情。

作者试图从"把意识构想成道德性的器官"的角度来处理邪恶：亦即人意识的麻木和瘫痪，就如器官的麻木和瘫痪，人与人互相连结的道德感一旦冷漠，就会导致人固恋于硬化的并且变得完全平凡无奇的错乱行为举止里。此刻，人对威胁他人的"不可忍"的反应（由此流露个人存在之间的互相支持，亦即孟子所说的"仁"）就会滞塞。这"不通"不仅发生于人的内在，而且呈现出人对外在世界不再有所感应。中国人早就识别出"不通"乃是"恶"之源。

十三┃越出反面性之外： 丑陋、卑鄙、痛苦

作者认为"恶"是过时失效的观念，由于该观念在使人凸显出而进步之后，却使人退化。的确，黑格尔提出的正反间辩历史观之后，反面性给正反逻辑推理提供了服务，却没为道德提供服务。

用什么词汇来取代"恶"以思考人的行为呢？ 第一个词是"丑陋"，道德要求评价和判断的操作，没有该操作，道德会失去其良知而

不能作为理想（审美评判最能纯粹地展开道德要求）。第二个词是"卑鄙"，面对威胁我们里面的"人之为人"的"不可忍"，我此处称之为"卑鄙"。道德最初始的反应是，立即的而且没有协商余地的抗拒。第三个词是"痛苦"，道德不可能从感情抽离出来，尽管智慧建议"不动心"。

道德来自判断，然而情势内在性的"丑陋"不会牵涉某种外在的秩序。我们可以说：说谎是邪恶吗？从"应该如是"到"能如是"，面对不可忍而作出的立即反应。

作者最后扼要地提出"生活与存在"的观念，曾经存在过的人，当他去世的时候，我们不能像《列子》里的东门吴那般地否认他的"存在"。

"相反的事物合作共事。"

赫拉克利特，8

致读者

说"画中有一个阴影"(une ombre au tableau),这是一个已变成老掉牙的意象(与其总是绕过这个老生常谈的说法,不如从容地从它开始吧)。这个意象不仅指出一张画里有个污点,它还抱怨看到了那个污点。我们在生活中也察觉到类似的污点,那是死亡、痛苦、疾病、战争、没有公义等等,而这些都是我们希望不会遇见的。然而,在人类思想发展过程中,那正是最古老的主题之一,虽然它也是最陈旧的主题;它说明了一张画里需要有一些阴影,才能衬托出其中的缤纷色彩,好让观看者得以欣赏。相同的,世界上若没有痛苦、疾病、战争、死亡等等,我们就很难知道良善、健康、和平,也不可能体悟生活。赫拉克利特(Héraclite,约公元前 540—前 480)将那些天天困扰人的不公义的事情,笼统地称作"那些东西",并且宣告说:"假若那些东西不存在的话,众人就无法理解正义……"让我们把"上帝"想象成艺术家,那么他必须妥善安排"阴影"的游戏,才能使他的创世绘画显得更杰出。

在那些已经变得陈腐平庸,而且这么多世纪以来在哲学的仓库里面拖拖拉拉的事物当中,我们因为已经看不见它们了,所以无法分辨哪些东西还能够激励人心。这个没有意思的事实其实也指出了一个本象:我们对生活的"顺从"(assentiment)来自何处? 或者,我们可以用哪个不同的词汇来称呼它呢? 对生活的"顺从"这点至少确定不是假的,并且正是因为这不可能是假的,我们一开始便下结论,认为它没什么意思。哲学只对那些会使它百思不解的事物感到兴趣,它因此才可以质疑、建构、辩论，简而言之，它才能以之发展并且建立一种理论。然而，画中影强迫我们回归到哲学上游那个"默契基源"（fond d'entente）[1]。因为画中影是不可否认的，我们不能将该"源—哲学"（infra-philosophique）[2]性的事物弃于宗教信条（神意）的覆盖之下，或者，任其分散在世界众多小说里而在小说的斜照之下被澄清。

我们在画中影里不经意地发现了这种命运的暧昧性，它事实上涵盖了大家可能会混淆的两种观念之间经常会有的冲突。因为这个阴影制造了污点，所以是"恶"（le mal）。恶这个词，人人都会使用，可是没有人知道如何避免它，大家现在也不太晓得怎么处理它，既不太清楚还可以从什么角度去审视它，也不知道还能用哪种理论框架来整合它。与此同时，人们又发现它是一个事物整体结构的组成元素之一，就是说，外表光明的事物背后的这个影子，变成了"反（反面性）"（négatif），与其他的构成因素配合而让一个整体产生力量；此外，反面性还使这力量能更有效地施展。这就是为何赫拉克利特精简扼要地说，"所谓的相反的事物"，事实上就是"一起承载"者（sumpheron），它们"合作共事"，"用种种参差不同的成分产生出最美的组合"。由几种成分共同产生的功能便如是进行的，好比锯木的工人也以这个方式做工的，即"一个拉，另一个推"，双方做出相反的

---

① 根据作者的解释，此处的"fond d'entente"表示"基底和资源"（fond/fonds）和"双方都没知觉到的默契"（entente），因此译作"默契基源"。（译者注）

② "infra-philosophique"表示在哲学之先的，同时作为哲学发展的根底。译作"源—哲学"，因为"源"有水流的出处、根本、由来的意思，让人想到泉源、原始、原生，生生不息，取之不尽用之不竭。（译者注）

动作,而这些相反的动作是有用处的。因此,我们用"反面性"来指称这个"分开—对立"(scission-opposition)的道理,任何微小的活动当中必然具有该道理,在生活中、在历史当中、在人的意识里,处处都体现这个道理。

巴尔扎克(Balzac)写道:"我是那被称作生活的对立两面的一部分。"正反对立确实能使生活产生张力,使生命活跃绽放(这个说法值得强调,以阐明巴尔扎克全部的作品)。鉴于那是一种"威胁—诱发"的对立(opposé menaçant-incitant),它的确是有贡献的事实,我们将称之为"反面性"(虽然这个词现在已不被信任了),我们要从它里面再做出一个强劲的概念,或者,至少从它出发,要在哲学的上游,重新援用正反之分,然后使它们交迭。事实上,我在哲学领域和其他的领域当中(而哲学的领域已遭到特别严重的损坏),与其依赖那些位于下游终端的概念,或者与其在讨论之际公开采取那已经建立而固定的立场,我倒选择了重新形塑"进入之道",谨慎地移位。为了能重新掌握"源—哲学",我首先要做的只是策略上的迂回手段,也就是通过拿掉底垫及其产生的垫底效能来重新启动思考,尤其对众人习以为常的平庸(banal)现象,我期待能达到"重新启动思考"的目标。

如果我们审视那被认为是抵触人的邪恶,同时也审视反面性,就会看见它们犹如两块被捡起来并摆回到大地上的古老燧石,必须彼此碰撞击打,才会产生火花。它们是人类最早使用的工具。那之后,我们很快就会看见,在平行而相逆的词组(termes appariés)之间还存有其他的摩擦、其他的冲突,这些摩擦和冲突都会在恶和反面性的抵触背后出现。这场景向来如此(可能出现别的景象吗)。然而,我们将借由上述的那种抵触，在大家以为是同义词之间，逐渐端详拈出一个在语气上和在意见上的彻底改变。我们还特别要把恶和反面性分开来探讨，因为面对众人声声质询"意义"的情况之下（就是他们针对恶所提出的问题，诸如为何有死亡、痛苦等等，这类质询现在也许已经停止了），我们不得不对其中的贯通道理（co-hérence）提出谨慎耐心的说明。这个说明是借由阐明那从此不再是"恶"而是在整体的内部参与运作的"反面性"，为了让人们了解"那"（即反面性参与整体的内在运转过程）是如何"一起"（co-haerens）产生作用的。同样的，把恶与反面性分开之后，我们将看见，"生活"与"存在"这些我们原先以为可以不冒任何危险而互换的词汇之间的关系会产生张力，因为"存在"（existence）①扣住了人们对意义提出的使人厌烦的"为什么"的质问，暗示断裂与"走出去"（ex-），即走出沉默的自然性，并且脱离了与生活维系的亲密协同。"生活"则遵行隐然进行着的内在变化的过程逻辑，在该变化过程当中——默默地而不会酿成悲剧，相反对立的事物本身才是活力的源头。

把人高高地放在主体作用的位置，可这种处理"人"的方式从此之后倒成了可疑的，因为我们总是怀疑其中带有原则性立场的投射，或者说，其中至少暗地里援用了某种本质性的定义。在上帝"死了"之后，人也"死了"，这个说法，我们已经听腻了，因为幻灭一个接着一个来临，而它们的宣告总是带着同样的悲剧性和庄严：这样的宣告

---

① "existence"的动词是"exister"，其词根含有"ex"，表示"走出去"、"脱离"。根据作者的解释，"exister"表示"跳出当下处境而存在"，这就是为何作者接下来说"走出沉默的自然性"。（译者注）

只能通过各种学科的衍射，才能对"人文"（l'humain）继续作出各种诊断。不过，即使我们仍旧担心人们自此之后会跌入人文主义所提供的舒适平淡里而拒绝走出善恶二元对立的思考模式，我们也会对与该思考模式敌对的立场采取同样的不信任态度，只因为反对的"立场"骄傲地高举反人文旗帜。此外，即使我们的理论工具使我们立场鲜明（谁认不出那个理论工具呢），而使我们免于平庸，但是我们岂不更应该（甚至在任何可以提问的事物之内）琢磨"平庸"现象吗？说实在的，一触及道德范围，人们就很难不掉入道德教训或理智思辨里面。

即使人们——低调地——仅用一个形容词（"人文"）作为描述模式，他们如何能不事先就作出预设呢？此外，如果说我边走边找的同时，渐渐走出（欧洲）哲学的领域，以便在欧洲思想与中国思想之间（长久以来，这两者是互相漠视的）继续我的研究之路，我的目的可不是为了将研究探索的范围拓展得更远，也不是为了让位给比较哲学的威望和乐趣。我之所以彻底改变研究姿态，是希望让"中国与欧洲面对面"这样的探索布置自行运作，而不是急着迈向我个人的假设。我期待获得的效果是：在这两种被打了开间距的思想体系彼此观照之后，人文得以"自我反思"（auto-réfléchissement de l'humain）。因此，人类在自身里面，借由他自己从他本身各式各样的变化出发，去自我观照、反省自己。他不再一开始就给自己定下规矩，而是在上述的拼凑组合之下，他耐心地观察和研究人内在的各种可理解性，并且找出其他的可能资源。

原版作者说明

这本论著是我于 2002 年 11 月，在巴黎第七大学当代思想研究所成立开幕研讨会上所发表的一篇题为《我们如何运用反面性?》的论文的完整修订版。

本文再次探讨《为道德奠基：孟子与一位启蒙哲人的间谈》（格拉瑟出版，1995 年）一书里的主轴，因为有必要重新审视它。

整本书都不加脚注，所有的引文出处皆放于书末①。我的确希望这是一本不太长的并且一气呵成的论文（essai）②，因此尽量避免铺陈冗长的修辞，因为这类的修辞很可能使哲学滞于其中。

---

① 为了方便读者阅读，本译著将原书书末的引文出处放在脚注，出于译者的注解都加上了"（译者注）"字样。（译者注）
② "essai"表示尝试、试验、小品文、随笔等等。作者说过，他所写的每一本论著都是"尝试"全面性地深入探讨一个主题，但是避免了论文里常出现的累赘注释。为了保存作者的意思，本译著按照该词出现的上下文将其译成"论文"或"论著"（小品文、随笔都不合宜，因不符合作者的本意）。（译者注）

绪

● *"完全正面性"的陷阱*

当代论述——或者更明确地说：全球化的官方论述——好像在诉诸于至高的理智，不停地在我们耳边重复它那总是期盼"完全正面性"（tout *positif*）的合法愿望："和平"（众人用各种语言不断地单向说出）、合作、交流等等。时下的说辞非常大胆地用一连串的否定式来操作人们的祈愿，即不再有战争、不再有分裂、不再有分界线等等，好似消灭反面性的这个目标终于有望达成了，好似已无任何障碍需要清除了，如此一来便能把反面性从历史中永远剔除出去，或者好像可以认为"有志者，事竟成"，只要有除掉恶的意愿，终究可以达成该意愿。然而，现实主义者也许会叹气说，前面的路还很长呢。不论如何，对要达到的最后目标，大家确实毫无争议，政治论述和宗教论述（如天主教的教宗等：统合论、普世论）都有一致的看法。然而，我们看到，在胜利的同时，至少就论述层次而言，这种已净化了的一致看法，却以令人甚感惊讶的方式，变成某个重新出场的恶魔，而且大家还相信只要除掉它，就能让历史的光芒再次普照全世界。正如布什（George W. Bush）在其演讲词中所呼吁的："像我一样，就称之为'恶之轴'，随你们想怎么叫就怎么叫，让我们说出实情吧！"（布什 2002年5月23日在德国国会上的演讲）。这个"恶之轴"正是妨碍大家的那个最后"阴谋"。我再重复，"恶"，或者，你们用任何别的词来形容它都不要紧，我们总会看见某个抗拒点或绊脚石，好似它绝对无法与整体协调，所以最终不得不被消除。人们甚至会相信，打击"恶之轴"的意愿会是一种新的（最后的）反击，为了使恶终于不再存在。

● 今日不再有可用来表达反面性的外部

事实上，我觉得大家现在都同意使用的"全球化"(globalisation)一词，已经彻底改变了产生反面性的可能条件。因为到目前为止，人们曾经很容易就使用"反面"来指称"他者"，世界便马上分裂为二，因此总存有一个可以与我们对立的外部：反面就是另一个阵营（苏联和美国便是对峙的阵营），或是另一个阶级（布尔乔亚阶级与普罗阶级相对立，等等）。其实，冷战时期和阶级斗争时期是一样的，这种定义上的反面，目标是很明显的。可是，全球化已消除了这个被人们用来否定的外在性（人类的历史过去就是与反面性一起共事的）。

突发事件背后的默化

从此之后，外面已经没有另一个阵营可以安置反面性，所以"逻辑"上，反面性会被内在化，因为反面性并没有消失，而是被"潜抑"(refoulé)了，它因此不再是公开地而是在暗地里活动：反面性变成了"恐怖主义"。此处将提出的问题，就是要探索我刚才侦察出的那种"逻辑"。2001 年发生了"9·11 事件"，即使那是一件最具代表性的突发事件，它果真是如世人所呈现的"事件"①吗？鉴于它所产生的震惊效果及其造成的后果（尤其是惨重的创伤），"9·11 事件"确实运作得精彩极了。我倒是注意到，这件事的起源其实是"默化"（中国思想中的默化观）的必然结果，也就是那看似突然却是必然的显露。

---

① 法文的"événement"表示"顿然涌现的前所未闻的事情"；中文一般译作"事件"，其实与该词原意颇有差距。（译者注）

● "宣战"的时代结束了

此外,还有一个"静默"的改变。我属于从未在法国境内遇到任何战争的第一代,甚至可以说自法国存在以来,其领土上没发生过战争的世代,并且从此之后,法国领土上不仅没有发生战争的可能性,也绝不可能再有战争。即使如此,我不认为我们可以不将暴力看作是那已没有"他处"可施展的"反面性"所作的一种内在化及传播,而能够解释城市里的暴力现象。把反面性内在化成暴力之后,我们便不再有能力锁定目标(布什向伊拉克宣战,好像他因此能重新将反面性外在化和目标化)。从此之后,既然无法锁定作为反面性的目标,先前的战略就变得过时了,因为我们不可能只用道德标准来诠释恐怖主义和暴力(即使我们仍旧必须依道德准则来作判断);恐怖主义和暴力无法被归入单纯的社会学因果律当中(譬如,某个社会被迫西化之后所造成的穷困,或是郊区落后贫穷导致暴力)。恐怖主义和暴力也不局限于意识形态的争议(譬如宗教上完整保存传统主义所主张的,我们很清楚,这种宗教性的完整保存传统主义倒是百分之百反作用的),恐怖主义和暴力更无法被看作是次要的现象或是过渡的现象,或被视作人的意愿就足以控制的现象。历史迄今借以运作的那些普遍的对立形象,此时已经过时而不再起任何作用了,可是那些形象现在却要求我们寻求解决"反面性"的方法(不仅仅是摆脱困难的手段而已)。

● 当代掩埋反面性

一个具有强烈反面性的政体,或是抗拒一种强烈反面性的政体,因此会更有活力(请参考法国大革命之后的执政府时期或是文化大革命之后的中国)。与此相对的,是反面性极弱的政体,好比今日的法国(时下法国的社会运动都是由各行各业发起的,而他们的出发点只在维护"既得利益",这便足以佐证),甚至我们当代的政治形态也不知不觉地因为掩埋了反面性而导致运作不良。若说今日在西方的民主运作当中,很明显地有什么事情停滞不前,因而导致公民不再投入参与的话(大家抱怨这种情况也无济于事),这很可能是因为已经没有了正反对立的事情可以互相激起作用,或许它们只剩下表面形式而实质上没有"发挥作用"(或者又像为了争取政权,竞选人所提出的政见都是大同小异,最近的选择便让我们看到这个现象)。

可是真理愈辩愈明

然而,希腊式的民主是建立在不同的言论可以针锋相对之上,即你来我往,你的论证对抗我的论证,你的逻各斯对抗我的逻各斯(antilogies),在任何的场合上,不论是法庭、元老院,还是集会(甚至是剧场:竞技场,l'agôn),都会出现这种情况。根据古希腊智者派哲人普罗泰戈拉(Protagoras,约公元前490—前420)的主张,一场演说若要突出某个观点,就必须包含两种对立的说法——正论和反论,才能辩明真理;见证人(听众、观众、公民)则以第三者的身份,根据正反论说的对峙辩论情形,作出判断裁决。

● **欧洲:** *间距、张力、面对面*

现在的人急于作正反思辨,却梦想一个大欧洲,一个在原则上已拆除其内部的国界并且扩大了外部疆域的大欧洲,可他们同时又抱怨这样的欧洲对公民来说太"抽象"了。这个现象是因为大家似乎不理解,大欧洲是由互相对立的多元个体共同组成的,欧洲这个整体应该反过来要呼吁每一个成员国跨越其固有的特色,如此才会打从内心去产生活力和投入大欧洲的意愿。单单"文体风格"(style)这样贴近的经验就足以让我们明白这一点，不是吗？因为当我们面对一个预期中所约定的秩序时，唯有借由分辨对立的手段来操作最短的句子和最简单的形式，才能善加利用文句本身具有的"反面性"，因此才可能产生文体风格。欧洲历史是由欧洲几个不同的文化传播重镇之间所存在的间距(l'écart)共同建构而成的，这岂不也证实了上面那个道理吗？连概念的产生也系于某个个体的知识"处境"(milieu)，所以尼采(Nietzsche)曾说那是个别的并且与其环境相关的。我们若行驶在一条快速穿越风景的高速公路上，就可能没仔细观察什么……我们约略看见的是，文艺复兴时期的意大利(置身于彼此邻近的文化重镇，如锡耶纳、比萨、佛罗伦萨……)、浪漫时期的德国(即黑格尔年轻时的德国，外在注重正统的杜宾根、讲求自由并且由费希特(Fichte)主导的耶拿、哥德带领风骚的魏玛之间……)。然而，更古老的古希腊早已城邦林立，古希腊人的知性生活展现出一股永不疲乏的活力，那是因为四分五裂的城邦导致没有一个主导的政权，反而使人们能在创造上产生张力，这种张力还富有探索发现的精神，远胜于一般的竞争心态、沙文主义或者常受人指控的"门户之见"。

● *抗拒翻译所具有的孕育力*

如果说欧洲仍是抽象的，或者说变得抽象了——正如黑格尔所描绘的，那把众城邦融为一体而且在法律上无可质疑的罗马帝国也是"抽象的"——这是因为欧洲不再运用上述的反面性，它任由自己内部所有的国家日益趋向"均质化"(homogénéisation)。逐渐划一的情形首先就表现在欧洲语言上，这个语言问题至少是一个症候。不仅仅翻译即思考，而且在欧洲(传统上)，思考也是翻译。如果说哲学家开始在希腊，哲学却诞生于罗马；理由是，在"反面性"的考验当中发现,反面性的普世性使命感是无法翻译的:在卢克雷斯(Lucrèce,约公元前98—前55)和西塞罗(Cicéron,公元前106—前43)的希腊文译成拉丁文的译作里,早已出现某些不确定而还在摸索的译文。然而,今日的欧洲多以英语沟通(又是"默化"的一种表现方式),在英文主导的情况之下,在会起作用的众多张力——就是那些促使人们投入翻译工作的巴别塔的抵抗力量——当中,有哪些力量从此被撤消了呢? 当康德探讨维持永久和平的所有可能条件的时候,他本人亦强调,任何会造成融合而同一的扩展措施都会带来危险,他还呼吁互相毗邻的国家之间应该分开,"Absonderung",顺着"多元的语言和宗教"自然而然地分开(此处,康德收编整合了各种不同的宗教,虽然他自己随后立刻加上注解,以修正这种在理性主义和强调"人"的高峰时期会冒风险的"独特说法")。

"普世性" (l'universel) 对抗 "划一" (l'uniforme)

之所以提出这种说法,并不是主张自我偏安一隅以面对整体,而是要求一种必须由"反面性"赋予它创造性的"普世化"(l'universalisant,这种由普世化所产生的普世性与其说是授予的,倒不如说它本身便是一个超越的过程)。在这种要求之后,鉴于今日的世界经常把标准化和划一,与普世性(l'universel)混淆,所以我们拒绝向标准化和划一让步。普世性是理性思考的概念,划一(l'uniforme)则是生产的概念;前者暗示一种必要性,后者只建立在便利性上面。

● 论战争: 黑格尔翻转了康德的论点

即使如此,我们却无法避免后面这个问题(就是那个使"建造欧洲"变得正当合理的问题):既然这种"四分五裂—彼此对立"的反面性(赫拉克利特的反命题"antixoun")会导致战争,难道不该被定罪吗?赫拉克利特倒是礼赞反面性。康德确实也说,战争迫使人们迁移到全世界各地去居住,甚至到最不适合人住的地区;就像战争迫使某些人在国家内部成立一个政权以抵抗另一个政权,战争因此不可能再被视为具有史诗英雄般的高贵价值,它已过时了。康德据此呼吁制定国际法。他认为,一如个人,国家也应该走出人类文明化之前的"自然状态"(état de nature)。黑格尔对此则回应说,偶然的原因不能解释战争,民族之间的仇恨也无法说明战争;反而是人类在其精神生活中必须接触一些特殊的民族,因为一个民族,作为个体来看,便暗示它具有统一性与排他性;它会由于战争而重新使其内部获得一致性,因为战争会再次燃起民族当中所有的个人对整体的归属感。也就是说,个体因战争而"否认"他的己身,这种否定是指,他本人在不断扩张的物质生活与特殊利益之下逐渐消逝(在平常规模较小的经验里,只要有一个他者以反面的方式出现,大家便群起而攻之,或至少一起批判他,就在此刻,众人立即感到"我们"彼此之间的距离拉近了,大家感觉彼此重新结合在一起)。不过,该情况的复杂性乃超越了形式论(formalisme)与有机论(organicisme)这两种理论模式之间的对立。前者如康德的主张,会导致贫乏的普世论,因为取消了具体的决定成分;或是,相反地,依照黑格尔的说法,由于"伦理体质"(substance éthique)①内部感觉到他者的存在,而引起他们对生命力作出反动式的依恋。我们今日必须在一些新的基础上重新思考"反

---

① 黑格尔的看法不同于康德的抽象化方法,他强调一个民族思维的独特性。此处的"伦理体质"(substance éthique)指涉希腊城邦里所有的公民共同参与群体生活,他们因此构成伦理的实质。反动的(réactionnaire)乃表示对抽象的形式论提出反对。(译者注)

面性"实际上注定具有"合作共事"之命运,我们特别要分辨哪些是只破坏而毫无建设性的事物(本书开端便称之为恶),哪些是会激起作用的反面性事物,即促使活动的事物,当这种反面性处在张力之下,它便能推广、革新并使紧凑化(intensifie)。

● 表态的知识分子之新形象

我认为全球化时代的知识分子应该怀有的抱负,是他们有能力妥善地处理反面性,而不是把反面性消毒无菌了,或者更准确地说,借用"管理"(gérer)这个非常具经营倾向的概念,他们应当有能力管理并且"提升"(lever)反面性,使反面性具有生产力,而不是使它失去作用。如此一来,当代知识分子的"表态投入"(engagement)就不再是极端的立场,那是一味追求原则的激进立场(譬如法国人向来喜欢使用阵营对抗阵营的形象来呈现,如阶级对峙,或如沙特对福柯(Foucault)和布尔迪厄(Bourdieu)等等——这种对抗的形象岂不早已殆尽枯竭了吗)。当代知识分子的"表态投入"乃是在全球化这种新情况之下,找出反面性不但不会遭受排斥,还将通过某些管道而在整体的内部里起作用。知识分子的表态,乃是要用不同的平台来凸显出那曾经显得"不良的"事物,也就是要揭开一些尚未开发的资源,甚至未被想过的资源,因而发现了某种潜在的生产力,使其从此有机会可以合作共事。按照一种相反而互补的运作模式,上述的情形也适用于使人的思想重新拓展,也就是开拓出一些让不同的意见可以并存的情况,而且使这些情况和那些会使人的思维沉睡而衰退的相近意见,可以互相观照。换句话说,思考[整体的]共同组成(con-sistance)如何产生于[成分之间互相的]抵抗(ré-sistance)?(今日,欧洲内部在政权方面具有相当弱的反面性,这个问题就显得格外重要。)现在人们比较喜欢由各种矛盾所构成的公开冲突,而比较不喜欢那些掩藏的或潜伏的冲突。因为公开冲突——一半为了找到一条出路,一半则为了证明冲突者本身的能力——,之后,大家就退而求其次,安于替代用的软性(soft)形式,就是一种被消解了的不再具有战争性质的"合宜的反面性"(un négatif amorti)——譬如"世界杯"足球赛及其成为媒体焦点的足球明星。不过,我们也可以期待挖掘出一种更聪明、更激烈的反面性,这种反面性很可能会使人的心思再度不安起来。

一

主体/过程；救恩/智慧

● 恶/反（反面性）

我们先梳理那些需要厘清之处。为了在各种环境中使反面性脱离它与恶之间那令人质疑的关系，我们必须剔除它们之间所存在的那个具有不同来源的混淆（l'équivoque）。当我们要分辨恶与反面性的时候，我们的重点不在于它们所涵盖的内容有何差异，而在于这两个词汇本身各自具有的不同导向。我们每一次在它们之间核对出一些有差异的印证时，这些差异之处总是出现"平台断层"（rupture de plan）。我们甚至注意到，那些思辨平台在接受检验并且重新被拼凑组合在一起之后，恶与反面性都将在平台上面对面地摆在对立的位置上。恶与反，这两个词实际上说明同一件事实，但却依照相反的位置来阐明。如果说它们在一幅画上占着相同的位置，它们总是背对背的。画中影是恶呢，还是反面性呢？在人类思维中，这两个词其实挖出了一种交替作用，或者导向恶或者导向反面性（在哲学史中，我们将看到这种交替作用的高峰，就是出现在从康德向黑格尔的转移上面，而且在某种程度上，将一切都移位了）。

我们在恶与反面性之间已经找出了很多歧义，这点便证明它们是对峙的，也因此构成了本书开篇里所提出的建议。下文中我们将解释那些作为框架的句子，并要扩展、证明它们：

　　——"恶"是出于"道德性"（moralité）的考量。一般说来，道德与恶是相反的，不论恶是以何种形式呈现的：痛苦、不完美、犯罪（此外，根据西方古典三元论，恶同时是身体的/形而上的/道德的），恶总是和一种"应该如是"（devoir-être）的假设互相对立。"反面性"则源自某种"功能性"（fonctionnalité），因此它产生于某种不是意向而是现实性的问题，或者它来自于我依照一个普遍的观念而给它的最广义的说法——"宇宙进程"（la marche du monde）。

　　——"恶"指涉某个主体（sujet）的观点——不论这主体是主动者或是被动者。在人类历史中，为了使恶的发明得以有名目地合理存在着，我认为其中的原因实际上要比传统中所说的惩罚功能还复杂。因为"恶"的发明曾经使人类内在发展得以建构：总之，恶使人成长，我们也可以说，它使人拓展——"使人变得文雅"（dégrossi），犹如波德莱尔所说的，恶使人有文化素养，而且尼采也说，恶让人变得雅致。恶向人显示它事实上具有双重性、选择、错乱、激烈化的能力，简而言之，恶使人离开调节逻辑的框架。"反面性"则使人回到过程（procès）的观点，并且首先按照语言发展过程中那个"肯定/否定"的模式，"反面性"因此便具有十足的合法性。此外，我们还可以从行动/激情（action/passion）来思考恶，而从操作过程（opération）来思考反面性（此处的操作包含数学运算：数字、量值或负数；就这点看，康德在他那篇论数学的文章里说，"负数量值"（grandeurs négatives）的概念也是对反面性作出一种正面的肯定，因为此刻的负数仅仅是约定俗成的，并且这类的指称不可能说明某一个个别的客体究竟具有什么内在特质）。

——"恶"抛出一种独特性（singularité）并且把该独特性孤立起来，它的产生和分化是依照行为、个体或突发事件的形态而定的。"反面性"则暗示顾及到某种整体性（globalité），它的出现是和它所参与的并且所服务的某个群体关系密切。

——"恶"制造一种二元对立性（dualité），即善或恶，这两个词各自派生（即使很矛盾的，它们是互相定义的）。与之相反的，反面性犹如某种体系内两极当中的一极（polarité），它暗示"正面"这个词和"反面"这个词既对立又并行。关于"恶"，我们可以想象以除掉恶来获得某种绝对的善。至于"反面性"，每一种正面性都暗示了它自身的反面性之存在，而且人们不可能脱离反面性去思考正面性。

● "恶"戏剧性地被排除

——因此，逻辑上，"恶"是某个受到评判的客体，这论断原则上宣告排除（l'exclusion）"恶"了。"反面性"则要求某种共同的捕捉（理解）（com-préhension），它是整合（intégration）的客体。恶有害，而反面性则暗示相反对立的二者合作共事。

——最后，"恶"是戏剧性的（dramatique）（引起抗争、抱怨、激烈搏斗）；恶如谜般的令人难解（指向它那深奥难测的源头，康德称它为unerforschlich，因为我们永远无法说出恶的来源）。接下来，恶是形而上的（理性的假设，而且推理乃经由拆解在"存有本体"（l'être）与"应该如是"（le devoir-être）之间的平台，将该预设援用为一个规范、一种模式、一种超越）。反面性是逻辑性的，却不把现实和理型对峙起来，而是在分解事物之同时也按序使它们配对。

● *逻辑上，反面性包含*

上述的特征早已构成体系。恶与反面性的对立使我们思维中两种可能的选择面对面地对照，这两种选项便构成了两极以形塑两种理想，而且这两极也是对立的。的确，在这个对峙的背后，结果又出现了另一种对抗：一边是建立于恶上并要脱离恶的"救恩"思想，另一边是将反面性整合入"宇宙进程"里的"智慧"思想。这点甚至是在不同文化和不同时代中，任何一个单纯地问着如何生活的人的优先选择。我想说的是，这个选择是合理的，那纯粹是"排除/包含"这种形式上的对峙，因此跨越了意识上的对立：该形式上的对峙就是"恶，我排除"/"反面性，我包含"。于是我们得出第二张图表，其中的综合性质更加显著，并且依下列的不同模式来罗列：

● *灵魂的命运：从恶当中自救*

——救恩（salut）来自某种恶的观念，其出发点是灵魂（l'âme），而灵魂则在它自身的命运之中孤立着。智慧则把反面性纳入考虑之中，其建构是按照反面性与世界的关系以及相反二者合作共事的道理。

——救恩这边，使善恶对峙，并且将冲突推至极端，这种冲突却是无法挽救的（会冒着毁灭的风险）。反之，智慧包含了反面性的功能，在更大的规模上，很自然地吸收了制造冲突的一切因素。

——从堕落（于恶中）出发，救恩需要一个故事（récit），或者说救恩自我构成一个宏大的故事：某个失败造成了重大的事件，譬如亚当和夏娃被逐出人间乐园的挫败，或者像在其他的古代神话中，天上的灵魂被放逐到地上来而失去了纯洁无知。此后，他们展开一连串要脱离人间幽暗而升往天上的痛苦旅程，那之后，一个故事接着另一个故事，一趟旅程通往另一趟旅程，他们逐渐行往光明并恢复和好。然而，智慧不像救恩，它根本就没有故事（智慧充满微不足道的个人小逸事，但不包含大历史），因为智慧不等待任何重大事件，也不应许要维护生命。智慧在万物广大能力之中发现了反面性的功用，并且解释该功能的真实根底；换句话说，智慧阐明了宇宙中万物之间的贯通道理。我们也可以根据希腊人的思想框架来概括救恩与智慧：救恩的想法来自神话（muthos），而智慧的想法则来自逻各斯（logos）；这两种功能从此衍生出多种对立关系。

● 宇宙的组成包含了反面性

——简而言之，由"恶是错失"所释放出来的救恩思想，会产生张力，会使激情骚动，因为救恩思想组织并且管理着一种戏剧法（dramaturgie），而且那是英雄式的壮烈剧。智慧思想则将恶化解成反面性，因此合法化了某种和谐。救恩方面是个人心灵命运（戏剧性地）演出，而智慧方面则是万物运转的秩序——释怀泰然地——被人们思考着，或者更准确地说，用普罗丁（Plotin，约 204 或 205—270）所谓的宇宙的"组成"（syntaxe，希腊文：Sun-taxis），智者总是要再三地探察大家都同意的那些使世界——此世——如是构成的规则。

● 圣人/贤人（或智者）

贤人或圣人这两种形象，我们可能还无法很清楚地分辨其中的差异，不过，在这两种形象还被几个世纪以来或者几千年以来的规范，以及合宜的意识形态压成石头雕像的情况之下，我们今日还可能

做的补救是，运用我在上文中所提出的那种操作能力，这个操作能力
正是我将进一步讨论的。我们现在能追溯既往地用圣贤这两个形象
来分辨恶与反面性，甚至能在两个对立的形象之下，凸显出并说明恶
与反面性之间真正的分歧。其实贤人不是走向成圣之路，他不是像
世人经常呈现的那个智慧形象，人们常常把贤人塑造成一个尚未升
华而臻至最高阶段之探索者（因此，欧洲东方学传统经常把尚未成圣
者翻译成"智者"（sage）①——就是中文里与"圣人"不一样的"贤
人"）。然而，中国贤人（sage）所开辟出来的道路，正好和圣人
（saint）的路相反：贤人不像圣人那般厌恶恶的存在而期待（而且努
力）要从恶中解脱出来，贤人对这个现象所作的回应是，它们其实
是相克相生的，正如一般人说的："世界里什么都得有。"（贤人的看
法正是最能贴近普通人的想法与说法。）人们为了对抗黑暗而作出
如此绝望的宣告：假若没有阴影，大家便可能无法看到光明，或至
少说，大家就无法欢乐。贤人倒是宣称，正是在黑夜或死亡的幽暗
当中，万物悄悄地重新组合，而且世界的贯通道理也逐渐建立
起来。

● 神话里的恶

在理论上爬梳之后，贤人与圣人这两个形象便对立起来了。乍
看之下，这显得太武断了，不过，我想稍后它们会很容易让人觉得合
理。有关"生活或者存在的重要概念"（大家还常常分不清"生活"
（vivre）与"存在"（exister）），属于"恶"或者属于"反面性"，是"救恩"

---

① "sage"指有智慧、有分辨能力之人，法文一般将中国的贤人译成"sage"（智者）；我们此
处顺着作者的意思，采用"贤人"。（译者注）

还是"智慧"，如何在这两极之间如此广大的范围内并然有序地排列着，而不再是属于世俗或属于神圣（俗世的还是宗教的）。大家最常做的是，在这些观念上面建立起根本性的对立，并且承认它们就是对峙的（也就是，贤人选择与世共存，因此被归为世俗之类，而圣人殷切盼望救恩，于是被归为神圣之类），那之后才出现圣贤之别。我在这种分歧的开端之处倒是注意到，人们或者期盼从恶里解放出来，或者理解反面性；而宗教正好涵盖了这两者，因为在前面的情况之下，人哀求神并且呼求拯救，而在后面的景况当中，人顺从一切临到他身上的事情，并且以这种顺从的心态来呼叫神。世上有泰然处世的信教者，如圣弗朗索瓦（Saint François）；也有内心煎熬痛苦、甚至恐惧焦虑的信教者，如圣安东尼（Saint Antoine）。其实整部基督教圣经，自《旧约》①起，就包含着这个两极性：智慧—整合（sagesse-intégration）与神圣—定罪（sainteté-damnation）。

逻各斯里面的反面性

此外，在哲学史上，犹如每一位思想家也都在这两个极端之间摆放游标，以显示他个人的立场。关于堕落的主题，柏拉图（Platon）很明显地表示他没有兴趣但也不得不谈（对他而言，那只是残留物或是伪装），他的思考就在逻辑上建构故事，即神话（muthos）：首先是灵魂堕落（如在《菲德尔》里），这些灵魂在升往天上的途中失去了翅膀，于是身体加速变成了沉重的固体，而且也不再有通天的眼力（或是灵魂掉进地狱，再次具体地呈现了他们所受到的惩罚）。神话完成之

---

① 犹太—基督教的"圣经"包含《旧约》（Ancien testament）和《新约》（Nouveau testament）。前者是关于神与犹太民族之间的"选民之约"，后者是神通过耶稣基督降世、受难并复活而给予世人的"救恩之约"。（译者注）

后,柏拉图便要求读者们必得抗拒世界,又要求他们禁欲苦行。他呼吁大家离开此地而"逃"往神之处(在《斐多篇》一书里)。不过,最常见的情形是,柏拉图思想里的逻各斯总是起着作用,为了使所有的类别之间可以互相交流,而首先是要使同与异彼此沟通。他的推理还提醒读者,反面性乃使用语言里所给的可能性来完成其否定的任务,该推理也承认"非存有"(le non-être)如何"存在"着;同时,在某种层面上,"存有"(l'être)也是"不存在"的(《诡辩家》)。《提梅》中的创造者在创造世界那个"极逼真的"(vraisemblable)故事里,打算要作出更好的叙事,以使最初的创世故事的结构枯竭殆尽,他的目标是在强调叙事的贯通道理甚于事件性。

● *思辨—叙事*

我们或许以为上述的救恩与智慧两极当中的一极很久以前就被消除了,也以为面对逻各斯的成功,堕落与救恩、绝望与解脱的伟大神话故事现在已经枯竭了。然而,我的观察结论却是,宏伟的救恩故事并没有离开我们("我们",我是指至少在欧洲)。不仅仅但丁(Dante)受《圣经》启示而写出的作品中有该宏伟的故事,我们所认识的黑格尔现象学也是由这相同的故事所建构的:从感觉时所获得的确定的直接性,到那漫长并且令人扫兴的路途,人的意识经由中介(外在)的媒介,一个形象接着另一个形象,一个阶段随着另一个阶段,直到这意识每次发现了一种和原先的感觉所确定的有所不同的结构,随后再落入怀疑里,更贴切地说是绝望(verzweiflung)里,一直到真正地了解(就这种涵义来看,黑格尔的逻各斯尽管涵盖了反面性的概念而以正反合的间辩方式进行(progresser dialectiquement),它最终却逆转而变成神话式的)。同样的,普鲁斯特(Marcel Proust)援引了那个伟大的故事模式而以戏剧性手法建构了《追忆逝水年华》（*A la recherche du temps perdu*）：童年的天真（在康布雷），随后（puis）经历恶（跌至深渊底：索多玛和戈摩尔），直到（jusqu'à）"寻回往日时光"的修复。

二

善恶二元论与斯多葛主义： 述说或描绘

● **一种比道德性的分歧还根本性的分歧**

我们也许能在纯粹状态之下从事思想的某种催化作用,恶与反面性这两极会产生两种形象,分别转向救恩或转向智慧,也就是转向善恶二元论(manichéisme)或者转向斯多葛主义(stoïcisme)。这两个名称现在还是我们文化的一部分,并且以一种我认为是超越了象征的方式存在着。譬如,我们日常生活里经常听到"他是善恶二元论者",或者听到某人用第一人称说出的否定句:"我不是善恶二元论者。"如是,"相信恶存在"难道也是一种邪恶吗? 就这点而言,我们应该为自己辩护吗? 此处,是什么因素使我们觉得无法接受救恩与智慧的分歧? 既然我们认为在这个领域里,而且很明显地只在这个领域里,把事情简化可能会造成滥用的情况,甚至使人性陷入危险。换句话说,从大家共同认可的论断出发,是什么建议人要有更多的耐心和更复杂的思维呢? 总之,那两种类型似乎深刻地体现了一种它们一开始就投注的生活伦理。在思想范畴当中,我们可能试图制造出属于心理学的范畴,甚至发展到心理僵硬不化的状态。善恶二元论者使恶激化到了一个地步，由它建立了一种特定的原理，变成了推动历史的动力，这是因为恶与善对立，恶还和善一样的坚实。一场激烈的战斗自此展开，从时间的一端推移到另一端，并且将所有人类灵魂卷进这样的宇宙命运里。与其相反的，对斯多葛学派而言，不论他们想象人作恶的方式为何——列举众人相待的无穷尽方式，诸如战争、偷盗、背叛等等，或者列举每个个体所承受的生活景况——他们认为应当尽其可能地让一种被掩藏的正面性在恶的边缘显现出来，然后使这正面性超越该恶并且修补该恶，因此让这种如反面性的恶发现它自身是合理的。这么做的结果将是，恶就不再是恶了，而会被看作只是反面性。因为恶的正面性被揭露了，或者说恶是善之不可分离的对立面，就将反面性整合入一个整体性的逻辑里，因此将被超越。

• 跨文化—跨历史

在基督教盛行的几个世纪期间，善恶二元论与斯多葛主义并存，这两种形象超越了历史的变迁，一起流传至今，它们因此也是超越文化的，所以它们里面肯定有元型（l'archétype）。我曾经多次强调，斯多葛学派的许多特点也出现在中国古代思想里，尤其是儒家思想，然而我们绝不会猜想古代中国与古希腊之间有任何交流。譬如，内在性生成变化的观念（un devenir par immanence），在操作上分辨何者是我能控制的，何者是我无法掌控的；又如，发展到绝对化的理想化贤人、智者形象；再如，因顺从事物推移进程而获得的"喜悦"。基督教宣教士在中国传教失败，很早就退回到斯多葛主义的立场，而事实上这正好为他们与中国之间搭了一座桥[1]。善恶二元论在中东地区

---

[1] 请参阅我的论著《过程或创造》（*Procès ou création*），巴黎：瑟依出版，1989，219 页下。

向东也向西扩展，但都遇到争论。它肯定是从拉丁文文献里可以得出的唯一的古代思想，我们在奥古斯丁的著作中看见它；就如在中国古籍中也找得到该思想，这点，我们在沙畹（Edouard Chavannes，1865—1918）和伯希和（Paul Pelliot，1878—1945）所整理的敦煌手稿中可见到[1]。更突出的例子是，彼得·布朗（Peter Brown，1935—　）写道：一如公元前 3 世纪末中国的秦始皇焚书之举，戴克里先（Dioclétien）皇帝在将近一千年之后，也下令焚烧谈论善恶二元论的书籍。这种对证不可视为偶然的，但我们也不能以为那两件焚书事件之间彼此会有什么影响：因为所有组织过的政权，一旦绝对要将恶与善对峙起来的时候，这本身就含有威胁。如果唯一真正的冲突是处于善恶两个原则之间（它们被视为宇宙力量并且一开始就超越人文的规模），那么，人在历史中为了窃取政权（包括领土最大的帝国政权）而做的一切努力还有什么意义呢？

● 远古以来的叙事：打击恶的战斗

两个原则面对面所建立的：善与恶、幽暗之境和光明之境；特别是它们对应了人内心存在的两种心灵状态：一是属于肉体并且来自幽暗之境，一是神外感的一部分，神把它用于对抗黑暗的战争。于是，这两种心灵状态就对立起来，毫不松懈地战斗。这就是为什么善恶二元论只能以堕落与救恩来建构历史。就如普罗丁所说的，他指责神秘主义使可理解的现实最后堕落而沉入物质界里，从该界生出

---

[1] 《在中国发现的善恶二元论专书》（"Un traité manichéen retrouvé en Chine"），沙畹和伯希和翻译并加注释，收入《亚洲学报》（*Journal asiatique*），第十系列第十八期，1911，499—617，第十一系列一期，1913，页 99—199，261—394。

一个造物主,随后又造出一个可理解的现实之倒影的封闭世界,一直到这些精神性的种子遭受种种考验和历程之后,回溯到它们的起源之处,一直到这种感觉的世界被摧毁①。

在堕落与得救之间,在黑暗与光明之间

相同的,奥古斯丁也抗拒善恶二元论所提出三段式的剧本②。第一个阶段(过去),光明和黑暗彼此分开,它们的力量旗鼓相当,但完全处于对立状态。第二个阶段,即现在,在这段中间时期,恶本身混乱的运动让它看见了它所贪婪的善,闪烁的光明因此不得不承认黑暗的特性也是来自神的实质,该特性对抗黑暗但被它征服了。从此造成灵魂和世界万物相混,这两者永远进行着内部争执。最后的阶段(将来),光明天使会来解救人,将光明和黑暗两种力量分开,并且从此使善重新融入至上的国度,开启一个崭新的方向。

● **恶想批评善, 此乃承认它渴望善, 因此实际上是颂扬善**

此处确实有形而上的小说式的叙述,可是奥古斯丁却不感到惊讶,虽然他长久以来致力打击异端,希望因此找到解释恶这个问题的回答。然而,(但愿这不是一种反讽),就是这个由堕落与救恩构成的宏大故事,甚至失败与解救这样的夸张手法,也充斥在基督信仰里,而且还与信仰共同存在着:该宏大故事也建基于戏剧性的事件上面。或者说,我们此时谈论着虚构故事,可我们要从何处谈起呢?奥古斯丁倒是提出了一种超越各种承传谱系和种种诠释的论说,不管

①《九章集》,卷二,九。
②《与福尔度纳这位善恶二元论者的辩论》(*Actes ou débat avec le manichéen Fortunat*, Introduction),导论,§1。

人们对神的特性所引起的争议，奥古斯丁的论证足以一下子使善恶二元论的理论架构动摇。因为，此次奥古斯丁的论证不是一种或多或少可被反驳的论说，它反而绽放着一种存在的真实性（une vérité d'existence）。他的说法一开始就摧毁了二元对立论成立的可能性，从此给将来的所有善恶二元论者划定了一条界线，显出善恶之间任何对立都是太肤浅因而是不可接受的。事实上，问题也不尽然如此，因那总是依据宗教信条而提出的：假若任何事物都无法损害神（否则，他就不是神了），神岂不是不仁的神，因为他把人类送到世界上来，任由他们艰苦地奋斗？（这是那位使奥古斯丁改信基督教的内布理迪斯（Nébridios）的论点①。）在教条之外：为何恶得以（有朝一日）侵入光明国度而觊觎善呢？即使是为了破坏善，恶虽不改变，却渴望善……错误地或是恶意地想，甚至渴望善，这暗示自己以为在其自身里总潜伏着某种（为了自己）向善的倾向。

● 斯多葛学派的论点： 逻辑上，善恶"相伴"

斯多葛学派被塑造成与善恶二元论对立，这点便表示后者把善恶分开，而前者则将善恶完全连在一起。这并不是说，善恶二元论认为恶是根本性的，斯多葛禁欲主义则可能把恶视作一种次要的现象，或可能是一种幻觉的现象：古代的禁欲主义不否认恶确实存在，并且认为恶甚至危害到人的理性。我们更不可因此就把这两种主义之对峙关系推演成乐观与悲观的对立（布瑞叶（Bréhier，1876—1952）岂

---

① 《与福尔度纳这位善恶二元论者的辩论》（*Actes ou débat avec le manichéen Fortunat*，Introduction），导论，§26。

非由此而多次强调克利西波斯（Chrysippe，公元前 281—前 205）①的"悲观"吗②？即便如此，这个看法本身具有什么意义呢）。斯多葛学派认为即使该对立是关乎那些整体上关注存有的概念，（这些概念也影响人们的处世态度），该相反性却不是个性脾气上的对峙（那是我们无法掌握的），而是以合理的方式互相合作的。如果说禁欲主义者把恶当作反面性来处理，这是因为他认为反面性必然伴随着正面性，因此，反面性与正面性都融入一个共同操作之中：因某种确定的善（譬如头盖骨的清瘦）暗示其必然结果是某种恶，或者更准确地说，这种善"伴随着"（parakolouthesis）某种恶（头部脆弱）。所以，假如您敲自己的头，结果就使头部产生裂痕，那就应当想到与这个结局相应的好处，就是头部的构造平常让我们受到益处，换句话说，应当想到这个反面性（头是脆弱）那太常被忽略的正面性（头脑思考）③。一切有条有理的论证都指出，逻辑上，所有的反面性都暗示与其相反的另一面，由此，善本身就足以解释恶，美德就足以说明邪恶。

一切合作共事

顺着"相反事物具有相似点"（affinité des contraires）之理，疾病和健康就配对并行，其他诸如此类的，在一个整体的力量之中，两者每一次都会彼此协调，共同担任同一个现实的正面和反面，而且该现实最终就是宇宙的生命。从此之后，斯多葛思想的论证里就阐明这个同时纳入正反两面的整体秩序。该思想要经由各种现象，甚至关注它们最微小的细节，直到最边缘的、最不重要的细节——如熊或贝

① 克利西波斯（Chrysippe，公元前 281—前 205），斯多葛学派哲学家。（译者注）
② 艾米勒·布瑞叶著：《克理希丕与古代禁欲主义》，法国大学出版社 1910、1951 年版；够登 & 布利区出版社 1971 年版，页 168、206。
③ 同上，页 206。

类的用途——来凸显出对这个宇宙的管理，一如古希腊城邦的治理者，用人民的同意和"感通"（sympathie）[1]来确保所有的现象的贯通道理及调节适应。

● 只需要描绘

为了说服人们万物存有的道理，我们也许只需要睁开眼睛。如果说善恶二元论述说了一个故事，斯多葛学派则邀请人去观看宇宙，这两种姿态的存在是一样地久远而无法得知其源头。神如此告知约伯：若要止息心灵的抱怨，只需要向世界的美求助，因为没有比静观造物主的创造更能证明造物主的存在及其慈爱[2]。单单以他的雄辩为例，他可是用具体的事物说话（按照现在已经过时的一种美丽的说法——"直观教学"）。巴乐布斯（Balbus，公元前 1 世纪）在他引述西塞罗著作里提及克利西波斯时，也没有提出更好的说法，他只能叫人注意星宿恒常的成长与衰退，观察这么多不同的运行轨道之间的调和，之后才能领悟那种由那些规律性所表达出来的智慧。这么做，他按照那条由亚里士多德留下来的格式，提醒我们要是不再看见天的灿烂，是因为我们长久以来天天习惯看见各种事物，所以我们习以为常而不再询问那些事物存在的理由[3]。仔细观察人的眼膜：够薄也够透明，让眼睛得以透过它观看；够坚韧也够实在，得以持续保护眼睛。眼睫毛、眼瞳和眼睑都按此理运行着：这种"艺术"，我们可以观察其最微小的自然表现，但不可能列尽其所有的细节，它比一切的论

---

① 这个法文词一般中文译作"好感"，作者认为此处译作"感通"比较接近他的意思。（译者注）

② 《旧约·约伯记》，神的话语，38 至 39 章。

③ 巴乐布斯，《论众神的大自然》，卷二，19 至 67 章。

说更能说服我们,因为它沉浸在它的完美里面。在最细微的具体组织里,形而上的晕眩便停止了,或者说,"为什么"产生的,将转化为"怎么"产生的。

叙述使戏剧化,描绘则使事物一起挺住

最后,斯多葛学派与善恶二元论之间的对立将化解于论证会产生的功能里:就是描绘(décrire)的功能与述说(raconter)的功能,也就是,我叙述或者我描绘。因为述说(raconter)"呼唤",为了自我组织并且制造张力、灾难和修建(此乃在绝对的方式——死亡与复活——之下展现的救恩)。描绘(décrire)则"承载"而已,尽管它随着叙事的轮廓线条,上溯到那"自然而然"地如是建立的事物。述说的故事会反转或至少会动摇,故事的情节会使人彷徨失措。然而,所有的描绘,甚至在描绘的动作里,目的都是要"证明"。换句话说,叙事因情节截然巨变而使人纳闷而产生好奇心,描绘则整合万象,一开始就使万象合法化。

我想知道我们是否能使叙事和描绘之间的分歧再加大。描绘(décrire)一朵花(或眼睑等等):顺着这么细微而且无止境的脉络,一些设定的功能及它们之间的联系,我们会使用"存在的理由"而且将深入到这个联合体(co-hésif)里,我们就感觉到它的一致性。然而述说(raconter)一个故事:所有的叙事都只用事件来制造僭越和侵入,因此会带来危险甚至威胁,我们就需要使参与者互相对立,安排他们之间的冲突。换句话说,如果我述说,我就安置了悲剧;要是我描绘,我就安排了秩序。

三

神义论里的顺从生活①或论哲学中不可建造的

● **"神义论"（théodicées）的计划：证明神所创造的世界是合理的**

斯多葛学派并不满足于描绘，甚至为造物主神辩护。这是奇怪的情况，或者更妥切地说，奇怪的逆转：身为创造物的"人"发言了，要为造物主脱罪。智者反对并拒绝罪恶的世界，其中恶人得胜而义人受苦，众人因此抱怨（约伯也控告过神"冷酷"）。哲人为神辩护，说这个世界一点也不邪恶或荒谬，它的现状是良好的；他还认为，在所有的可能存在的世界当中，我们这个世界是最好的②。这并不是因为神没有能力做得更好（依据善恶二元论者的观点，神面对那限制他的创造行动的黑暗势力），而是因为在理论上神不可能做得更好，并且在所有想得到的解决办法当中，目前所看到的这个是最佳的。让我

---

① 依据作者的解释，"l'assentiment à la vie"指的是"人对生活不经思考的顺从"，所以此处不译作"同意生活"或"赞同生活"，因为同意或赞同都含有人经过思索之后的决定。（译者注）

② 《九章集》，卷三，2(4)。

们把这个世界看作一件作品，并且将"神"，或者说将理性视为它的作者。这样一来，必须调和两千年以来越来越清楚凸显出来的两种要求：一是，人应当有自由选择作恶，才能凸显出他的行善是值得嘉许的，其尊严也因此得以提升。二是，与此同时，必须保证宇宙有秩序和规则（秩序和规则来自宇宙的结构），以至于人眼中视为不良的事物都能找到它们存在是合理的证明，在宇宙生命整体的贯通道理当中，不良的事物既是反面的也是具有互补性的。

● *理性推论：这个世界是理想的方程式*

这种推论的姿态确实含有不可忽视的胆量：人走出他的景况，而思考起各种情况的成立条件（la condition des conditions）。更准确地说，人思考所有的情况，甚至一切可能状况的成立条件。然而哲学在这样的上游之处却已经熄火不动了，我们岂不总是听到人们用任何的方式以这句极端的话说（那也是康德所思考的）："世界上，甚至世界之外，凡是可想象得到的，都有其存在成立的条件。"[1]或其他诸如此类的说法。这句话巨细靡遗地在最小的角落里排除了所有可能出现的限制，它不去深挖一般性（généralité），而是一开始就夸大了一般性。以至于它使人忘记，这个已被同化得差不多的理论想象其实是"假设的"：那就是人以为他有能力将自己完全向某个特殊的方向之外投射，尽管他知道那是他所设定的方向，他也打算证明（他还想这么做）我们眼前的世界是理想的方程式（l'équation idéale），不论这是否有神的智能"打算（推理）"（calcul, logismos）的参与，也就是说不管有没有神意安排。人奉理性之名，得以与神分庭抗礼，以证明

---

① 《风俗习惯的形而上学基础》，第一部分开篇。

人生存在这个如其运行的世界里,或者如他所观察的结果而更准确地说,人生存在如其运行不良的世界之中(人还自以为处于绝对的位置),可以完全面对创造,以解释神的计划(le plan de Dieu)。人们推论说,神的计划是不同于那认为世界是由物质和偶然所产生的意见(这是依照伊壁鸠鲁主义者的说法),也不同于认为神意(la providence)作用的结果仅止于关乎月球的意见①(而将人世弃于许多的模棱两可,如亚里士多德所说的)。他们也推论说,神的计划不同于(逍遥学派或亚里士多德学派人士)所主张的宇宙原理之智能没有能力深入我们的世界之各个点;他们又认为,神的计划更是不同于神秘真知论的观点,此观点毫无理性地以为这个世界是由一个劣匠制造的。他们支持"理性降落在地上"②,而且(容我们更激烈地说)神意连最微小的细节都考虑了。

● 康德仍认为:目的藏于"大自然"之中

上述的在假设上所得出的契合,事实上是重新切割而得出的相合,这是通过目的论以对世界的美清查之后而作出的描述平台之重新切割,并且原则上该平台的网络是无穷尽的。存在的最微小的表现,也因其为了适应环境这个目标而显得合理。一切都"为了"(某个目的)而形成的。我们再次透过巴乐布斯对眼睛所作的一系列惊叹的描述来观察眼睛:大自然那不可超越的巧妙使眼睛具有透明的眼膜,够薄也够透明,让眼睛得以透过它观看;够坚韧也够实在,因此得

---

① 由于月球没有人世间的多变,所以那些关于月球的意见可以不考虑变化多端的人事。(译者注)
② 普罗丁,《九章集》,卷三,2(7)。

以保护眼睛。同样的，眼睑摸起来非常柔软，为了不伤害到眼瞳，同时又安排得极其妥当，可迅速开合……①从一个更大的规模来看，整个世界都是"为人而造的"（en vue des hommes hominum causa），人拥有世界，就足以佐证。斯多葛学派从功能性的"如何"（comment），巧妙地发展出一套论说，以回答属于超越性的"为何"（transcendant pourquoi），"为何"总像谜一般地诱人。康德回声应和说，气候温和地区的木材掉入河流里，被海水带到树木不长的冰冻地带，这便是"为了"该地区的居民而发生的，否则，他们便很难存活。他认为，在现象性的物理机械性原因的背后，不应该忽略神意的因素，因此证明了某种有智慧的远见，并且这智慧是顺着"大自然"中最普遍的方式发展②。

事实上，我之所以强调该论证步骤很奇怪，是因为我很惊讶地看到在文艺复兴时期受到严厉抨击而被逐出科学之外的"目的论"，事实上比众人想象的还顽固，或者说一旦涉及"存在"（existence），人们便又发现目的论的长处（甚至康德也这么做，虽然他在《论判断能力》中批评外在性的目的论）。甚至面对"恶"的论点的时候，这种以目的论作为辩护的说法岂能完全被排除吗？我们注意到康德此处将它视为在众民族之间维护永久和平的一种可能的"保证"（见其《永久和平的计划》），而这正是当代意识形态所肩负的重大工程。然而，康德也承认，这个人们以为是"大自然"以不可逆转的方式"要"至上的权力最终回归到权利，这样的想法本身也是一种对"天意"（Vorsehung）更世俗化、"更谦虚"的称呼。该天意作为至上的原因，要求我们经由思

---

① 西塞罗，《论众神的本性》，卷二，53(131)。
② 康德，《永久的和平》，保证永久和平的第一条补充条款。

考来把它"加在"我们里面。

● *神义论之陈列展示*

接下来,使人不讶异的倒是,西方在两千多年间不但一直没放弃
那种说法,最后还将它转化成神义论:在我们的思想史里,这个神义
论的底座(socle)确实扎得很深,甚至由于众人都承认我们对它不再
感兴趣而在我们不知不觉当中继续进行着。这传统其来有自,一环
扣一环地传递下去,无穷尽地回收利用。"伟大的哲学家"们,不论他
们多么想彼此划清界线,却也不得不各自以不同的方式走过这条相
同的成规(ornière)。我们在此只能罗列最重要的名字:自柏拉图
(神绝不可能"在任何的关系中以任何方式不公义"),或至少从克利
西波斯(他关于神义论的论证,一大部分见于西塞罗的著作里,经由
塞内加(Sénèque,约公元前4—公元65)的《论天意》而显露)、普罗丁
(205—270)(《九章集》,卷三,2和3)及奥古斯丁(354—430)(特别是
他那些反驳善恶二元论的著作),由托马斯·阿奎纳(Thomas
d'Aquin,1225—1274)接棒(他也衔接亚里士多德—亚维仙流派
(Aristote-Avicenne):《论恶》,卷一,48和49);最后笛卡尔(1596—
1650)(《思想录》,卷三和卷四)及帕斯卡(Pascal,1623—1662)的《向
神祈求善用疾病》),斯宾诺莎(Spinoza,1632—1677)(他那本融入了
神意的《神、人与至福》是《伦理学》的雏形——或说《伦理学》不就是
一切神义论的绝对化吗),一直到马勒布朗绪(Malbranche,1638—
1715)、莱布尼茨(Leibniz,1646—1716)(他的《神义论文集》涵盖了
这个概念并且以其作为书名),最后是康德(1724—1804)那本著名的
《计划》。

● **两种论证之间的鸿沟：在根据平台进行推理与对美的关照之间**

我们从上述的陈列看到在哲学的更新里所展现的惊人的继承。这些形式固定的论证一而再，再而三地重复着，为了在神意整体性的假设和万物秩序的最高描绘之间，也就是说，在只以目的论来解释万象和描绘宇宙无穷尽的美之间，试图提出一种合理化，以使上述的两种平台可以互相衔接，并使它们交错。神的公义便是经由这种需要耐心的交织工作，不断地反复而形成一种类型（莱布尼茨最后把它神圣化）。

神义论：坚韧之网

然而，在西方，正是这个经纬构成一种道德之先的阶段（un stade pré-moral），甚至某种反思之先的（pré-réflexif）意识武装，保卫我一开始（试图保留它原有倾向的特性）所称的"顺从生活"。这是按照斯多葛学派所使用的动词"adsentior"，"顺从"，而不是含有"已经思索过"的赞同（consentir）。"顺从"毫无疑问是所有的词汇当中最不特殊的，并且因在上游一开始便排除一切特殊操作，它在语义上也最不凸显。它与在我们——里面及外面（这两者之间的分界越来越不明显）——不知不觉当中永不停止地进行的大量转化过程当中是最不可分的，因此是一切之中与我们最"共生的"（symbiotique）。

顺从生活：最初始的？最不分离的？

面对所有针对神的可能的抗议和控诉，"顺从"这个词将用来说出人同意"不论如何"（en dépit de tout）一切总是会自行来到，这就是"生活"，这是一种基本"感受"（sentiment de fond），而且这种顺从是没有距离的，从来不会被彻底思考，甚至是不可思的。

● 哲学于此处几乎没进展

即使基督教将人向一个应许与启示的历史敞开而彻底改变了人的命运观,这个宗教在该议题上也未曾带来真正的革新。它以爱为根基,因而揭示了一种有关神的新概念,但它没有因此改变人类面对恶时能替神"辩护"的方式。它教导一条新的救恩道路,但是在智慧方面则仍然顺着斯多葛主义。因此,虽然基督教所宣传的讯息是很具革命性的,可在这点上反而无所创新,甚至不置一词,不是吗?它的制造、它的琢磨和它的命运把哲学逼视得露出哲学的真面貌:亦即这种神义论其实给我们很多启示,因其所显出的韧性和耐性,即一种思想(也在思想里)的坚持和认同,经由永无休止的哲学讨论而产生的更新,延续着一个与生活和好的——"源—哲学性的"(infra-philosophique)——默契基源;哲学为了推动它自身的思考客体,诸如真、善等等,长久以来哲学家都赞同该默契基源。如果说关于神"存在"(l'existence de Dieu)的问题引起哲学探讨的热情(因为它要求证明和推理,要求辩论和反驳),哲学在面对"恶"而为神辩护的议题上,即有关神义论的主题,倒是没什么进展。该命题甚至不受注意,即使它一再被提出来讨论,却总是停留在草稿状态。

● 库存里的论证片段

上述的情况确实是很奇怪的。因为理性引以为傲的完整推论一旦被正式宣布,所有可能的推理一旦被确定是可行的,以目的论为基准而构成的庞大网状体系在开始时一旦被投射在世界上,我们在这张网的下面实际上捞得到什么呢?所采用的观点很大胆,并且不逊于神的计划的看法,但是随之而来的是一种只作为清单而且极不重要的论证:好似那带动哲学的"普遍化—概念性"的主次关系

（généralisation-subsomption）突然不再运作了。于是好似面对恶的问题并且为了整合恶，只需要考量神义论的论证是怎样安排的。按本义来说，它真的是关乎"论证"吗？此中真的只有可能发生的连接和进展吗？抑或，不如说那是关乎性质有些纷杂但或多或少已被系统化的众多论说的库存，那些说法有时候还被人一字不改地挪用（大多见于斯多葛学派的论述里）。不过，它们有时也可上溯到柏拉图（《法律》，十：论灵魂的责任及其死后的报酬），有时也可上溯到亚里士多德（世界的治理）：它们来源纷杂而且组织大杂烩。哲学总要为辩明真理而探索凸显的新修辞语汇，哲学革新并且激进化其论述。神义论的论证在哲学之下反而回归到前人走过的路径，因此把来源纷杂的成分混在一起（就我们所观察的），而从此不再质疑。为了证明宇宙和其中的一切生命，所有的说法都行得通，不论其来源是什么，于是消除了门户派系之见，而且什么说法都采用。

● 未经发展的说法与核对

我们来看普罗丁是怎么处理的。普罗丁接受已成为教条的神意原则，他还按柏拉图的观点，认为在形而上（等级）建立之后，相对于本相，形象（殊相）会衰退，世界便显得混杂；那就是概念下降而沉沦为物质，其不完美则日见增多。于是，普罗丁好像在世上收集各种论证，他又好像处理大量的资讯卡片，常常只看篇章的标题，如布瑞叶指出的[1]，以至于他所汇集整理的资料之间不再有任何关联或前后秩序。可是，这难道不是应用某种方法所得出的结果吗？那是唯一的方法吗？为了进入生活的"贯通道理"（cohérence），除了放弃正反对

---

[1] 普罗丁著：《九章集》（卷三），美文出版社1989年第2版，页31、34。

立原则这个太方便的机制之外,实际上还有别的可行的策略吗? 只能多方面探讨"那些挺在一起的事物"(co-haerens),甚至那些会互相对峙的事物,以便使通到它们的道路相交,但不对它们进行比较(因为不进行比较就减少在概念上或在逻辑上采取高高在上的立场)。从此之后,探讨的方法便不再依赖某种论述是否具有确定的清晰性,而是依靠所有在核对之下最终会自我连接并深掘自己内部的事物。原地踏步可能是唯一的结局。在面对恶时,替顺从生活所作的辩护当中,严谨的说明却站不住脚而显得捉襟见肘。因为此时不再需要构思,而是需要理解。各种资源既然不能整合,便逐渐汇集而构成网络:这不是使一个想法明显地突出,而是让"每个人知道的"在不知不觉当中汇合起来。这点就足以说明,一旦那罩住存在并将其导向目的论的神意这顶大帽子被摘下来,或者至少根据原则性的定义,没有任何理论形式可以建构该思考场域,而且我们不得不承认,此场域最终变得无法建构。

好吧,的确,莱布尼茨为了说明在所有可能的世界观当中,由神计算筹划而做成的这个世界观是最好的,就引用了以最大数和最小数运算的数学模式,将神义论推向极致。好吧,为了描述每一个意愿必然是从先前一切的意愿互相角力之后而得出的结果,莱布尼茨又将他在物理中演绎所得出的结论——即机械乃在同一个机器里由各种动作一致运作组成的——应用到道德方面。然而,在上述那两种推理归纳之间——它们乃依据新的科学进展(但是大致上只有类比的功能)——人们却不再有可捕捉之处以取得在解释和证明的时候所需要的严谨,并以之证明这个世界及其中的恶是合理的;它们也没有其他的地位,而只作为一种共享的论断,纯粹是外延式的,因此不必有逻辑上的必要性和普世性,只表示"就是如此"(qu'il en est

ainsi），而不是"不得不如此"，并且乐于就此表达人的"感受"
（sentiment）。莱布尼茨确实直接引用人所"感觉"的（由此衍生出"顺
从"（assentiment）），恢复了这个格言（sententia）："我们"，人们，平常
不是构想我们自己如是，而是感觉我们如是——"如是（然）"（qu'il en
est ainsi）——并且顺从这个"如是（然）"。因为经验是在不知不觉中
靠慢慢地沉淀而形成知识，因此只会与它自己相处融洽。既然如此，
那我们还可以提出什么别的"秩序—平台—结构"（ordre-plan-
structure）呢？莱布尼茨却直接从这些"真理"的规章当中的一条过
渡到另一条，好似他的言论模式到处行得通：

　　一点点酸、一点点呛人的味道或苦味，常常比甜味还叫人喜
欢。暗影使颜色更突出，甚至在强调和音之处，安排一点走音，
可制造更好的效果。我们都想看走绳索艺人就要掉下来而心惊
胆跳，我们也都希望悲剧使我们几乎要落泪。我们享受健康享
够了吗？我们因为没生过病而感谢神吗？①

● 私下密谈（或论那个无法被论证的事情）

　　我们先在语言形式上聆听那种言论。上述引言中的论证缺乏连
贯性，纯粹是附加式的，因为每一个例子都无法作进一步的说明。以
"经常"、"更常"、"我们"的语汇（或是用修辞手法："我们享够了吗？"）
这种堆砌的论述方式呼吁大家同意它，却未保证这样的同意是理智
的。我们为了避免说它很难指出其理论根据，就说它难以提供任何
论证基础以协助人们作判断。我们停留在那几乎不再提供任何实质

---

① 莱布尼茨，《神义论：论神的慈爱、人的自由及恶的源头》，第一部分，第 12 章。

而只插入一个评语，或是像私下个别密谈的情况。如果从各个方面识别出并且指出那些每次显明自己不再是恶的，而是一种与整体的正面性合作的反面性，或是使正面性突出的反面性，这么做仍然停留在罗列种种例子的阶段。这些例子并不构成一个整体，因此也不会作为基础以建构我们已预感的反面性逻辑（logique de la négativité）。

● 在哲学内部：**默契基源**

反面性逻辑实际上是可构想的吗？一旦经过了形而上那些太简单的归纳之后，一种曾经是哲学所赖以建立的对生活的默契基源（fond d'entente）便浮现出来，夹杂在上述所援引的神义论的论证里，以"我们"、"经常"、观察结论、私下个别谈话等谦卑模式出现。一般说来，哲学急于离开该默契基源以尽情悠游于其理论探险之中。然而，这个默契基源正是因其中有些被拿掉了并且有些被保留下来而不再被人讨论，所以才显得珍贵。因为这种建构上不够完善的情况，同时也不能被人完全反驳。哲学往极端发展并且采取激烈的立场，它与这种默契方式配合，就很自在地建立并演绎它的论点。

那在哲学之下被找回的属于智慧的东西是未被建造的吗？

不过，我们都知道，哲学将范例作为它的成分，随后反而不断地要减少这种先天的武断。一涉及"生活"（正如生活"前行"），哲学也一直强迫在实现概念过程里保持某种假设的事物，至少是某种作为依据的事物。更准确地说，如果该哲学"强迫"（forçage）是存在的，与其将它视为哲学所赖以建立而完成的全面化和体系化的效果，不如将它看作那让哲学提出其探讨客体的基本姿态。此后，该客体"摆姿势"（pose），好像我们说一个模特儿摆出各种姿势，我们确实可以塑造该客体。然而，神义论因缺乏激化的力量而显得平凡无奇，它是如此笨拙以至于难以创造出自己的概念而将众理念归入同一体系，它里面的论点向来只是像由残篇断简堆砌连串起来的。神义论却成功地在宗教或哲学内部，让那些经验不牢靠的说法（或者不太具有"假设性"而无法被反驳的说法）每一次都通过了筛选。譬如，应该有一些苦味以突出种种味道，或要有些阴影以强调色彩，但是这些说法肯定不吸引人。不过，该说法也没有会让人想要剔除的那些会制造反差效果的棱线，也不会让人把形象或姿态和真实事物分开。它们虽然不吸引人，却令人百思不解而为之着迷。我们在阅读那些神义论论证的时候注意到，那可能是欧洲人的智慧之道，它在哲学的掩饰之下，透过细微的网络，不为人注意地渐渐渗透并扩展。

三　神义论里的顺从生活或论哲学中不可建造的

四

论如何减少恶（使其只有阴影的地位）

● 哲学的老生常谈

希腊人即使呼吁个人身心清洁，建议苦行，他们仍然是入世的。他们以快乐的人生作为道德的目的，那是借由自身的改变以远离生活中充满内外的痛苦，从心灵深处的升华去超越外来的攻击。斯多葛禁欲主义修行建议的入门规则，提出了大致一样的看法：世上既有错误、不安、后悔、忏悔、忧伤、无知等等，也有疾病、贫穷、哀悼死亡、奴隶、暴力、灾害等等。我们听到这些语汇的时候，很能感受到它们所传达的人类痛苦，同时也感觉到它们所承载的某种空乏，即它们使人听见一种缺失：或缺乏真理，或缺乏自由，或缺乏健康，或缺乏理性、或缺乏平等、或缺乏秩序、或缺乏坦然。

恶即缺失

我们从上述的例子看到，恶总不过是一种缺失或者来自某种不足；恶是由缺乏和幻觉组成的（tramé d'absence et d'illusion），它表示缺乏的状态。秩序—无秩序（Ordre—dés-ordre，希腊文：taxis—ataxis)，恶的模式便局限于这个"否定的前缀词"（dés-）①。也就是说，希腊人不认为恶本身是原则性的、有其内在的贯通道理并且会威胁存有与善之间的根本关系。这份关系在神义论里不会动摇，因作为真的存有的（véritablement est）某个事物，这"某个事物"必然是善的，否则它就无法存在，或者它很快会被传唤、被质疑。换句话说（反面地说），只有"不在者"才是恶，一切的恶只是一种"存有的缺失"（un défaut d'être）。

● 恶像阴影一样地突出色彩

在这个角度之下重新出现了救恩与智慧的分歧，出现了（紧凑的）戏剧性和（减轻骄傲的）省思之间的分歧。因为一如在基督徒每天的祈祷中所说的，救我们"脱离"恶，这正好是强调恶的主动性，或者至少承认恶有骚扰人的力量，因此确定了恶的存在。某种思辨观点从此得以成立，智者，即使是基督徒智者（譬如奥古斯丁完全承袭了普罗丁的看法），认为就恶的具体意思，恶表示"不是什么"（n'est rien）：譬如，静默只是没有噪音，同样的，幽暗不过是没有光罢了②。古代与古典时代的神义论致力使恶毫无本质性，以把恶减少到纯粹是次要的，并且将它安置在善的阴影里，甚至使它变成一个阴影而已。恶因此被整合纳入世界这幅庞大绘画里，以便突出其中的色彩。随着光线和影子的退化，事物的表面益形膨胀，同时也越来越空虚，给人浮雕的感觉；甚至为了在一切被照明的表面，提供更黯淡更退缩的部分以作衬托之用。此处，画面的成分顺应构图原则，它们彼此之间并不冲突。此处也不再有使双方敌对的"悲剧"故事，而只有对照

---

① 普罗丁，《九章集》，卷三，2(4)。
② 奥古斯丁，《反驳有关本质的书信》，第 31 章。

衬托的协调，一种审美上感知的和谐。

● *回到神义论（但是置神于一旁），以对抗懒惰的反对*

神义论里也许还有一些东西可拿来应用在我们的命运里，让我们熟悉那些对立但同时又和谐的事物，以便在"生活"中更能感谢光和影的安排，也更能操练我们有关善恶报偿论的看法。我们确实能这么做，尽管神义论早已被人公开抛弃了（并不是因为神"死了"，而是因为"世界背后存有某种目的"这样的看法对我们已经没什么意义了。正是这点使神义论都被抛到过去的历史中——18世纪之后就再也看不到了——并且迫使我们面对这些论说时不得不挖掘出我们的"现代性"）。更直截了当地说，即使神义论当中有一些乱七八糟的零乱想法，其中或许也有一点点可取的东西，让我们从它们着手去厘清思路，将神的因素搁置一旁，而使恶复返的说法无法成立（今日某种新的非理性似乎以恶之复返的说词为乐）。尽管人们已经放弃为神意辩护，不过如果关于神的公义所作的凌乱论述的场域上还有什么可拾取的话，那就是，用人的思考能力来避免那从未被抛弃的懒惰方便性，亦即所有的二元对立论所提供的方便性（此处不再关乎神的旨意了，而是对各种形式的自圆其说进行细密的侦测）。此处的方便性是指，在由行为举止串连而成的网络里切断织线，并且不再理会从正面过渡到反面的连接线索，因而将每一个面向孤立起来，犹如处理两个正反对立的事物一般地把阴影和光线分开来单独处理。简而言之，就是使两者缩减成特定的项目以扮演善／恶的角色。

故事无穷尽地取材于恶（或说，必须有恶才会充满热情？）

即使人们一般不承认恶本身就是一种力量而且从这个恶的力量出发使历史多多少少变得戏剧化了，善恶二元对立论的诱惑仍然一而再，再而三地反复出现：就是回到光明与黑暗之间最初始的对立状态（这种对峙今日也披上了新服饰），把恶说成魔鬼的化身，甚至将恶作为毁谤的对象，并且称之为"恶之轴"。恶的形象于是具有神话功能以滋养故事，而且我们看不到有什么足以耗尽这个形象。

关于阴影的暧昧地位：它是幽暗的、厚重的、被缠绕的、神话的影子，以其玄黑把一切淹没于混乱里，人在其中只能战战兢兢地前行，感觉四面受敌，而且死亡在其间难以捉摸地扩张，邪恶之人也在其间隐藏，那里面只住着稍纵即逝的幽灵，伪装的企图者，骗人的、恍惚的、难以捉摸的影子，光明在阴影之中被打败，永远地撤退，任其处于绝望之中。抑或，在哲学的操作之下（更准确地说，哲学与神学合并，一切都收入其中：斯多葛学派、普罗丁、奥古斯丁、托马斯·阿奎纳……），这个恶的阴影变成不过是一个轮廓剪裁清楚的影子、放在彩色图案上面的影子、无常的影子或无本质性的影子（ombre d'inconsistance ou de la non-essence），它只在光线之间若隐若现，但总是由壮丽的形状裁定，影子出自该形状并且绝不离开它。

● 希腊人的思维离我们很远

"过时无效的"观点意谓什么呢？我在上文中也许太快地就把它指出来了。假如那真的是关乎被所有的哲学家乐此不疲地讨论的自圆其说的贯通道理，而且那还是我们所澄清的"生活"的特有内涵，那么它到底指什么呢？就此点来说，我们可以像在论及已死的诸神般地谈论那些已死的论证吗（就像那些我们为它们修复的而只作参观用的庙宇）？人们会说，基督教曾经扎实地建立了意念和意志的范畴（les catégories de l'intention et de la volonté）——自奥古斯丁以降，它们便永远定型了——以至于人们从此之后毫不犹豫地将那个"人们之前以为道德上的邪恶没那么严重的看法"置于一旁,这个看法是苏格拉底的意见,柏拉图绍承了,普罗丁继续维持①,该意见认为"没有人故意作恶的",或更准确地说,没有人心甘情愿(ekôn)作恶的。这可称作希腊人的"理性论"(intellectualisme),它确实已经远离我们了。远离我们了,不是因为该假设已被宣告是"错误的"(哲学课堂上它一直被用作教学基础,不是吗);也不是因为它花了很多时间才消退,笛卡尔这样说过:既然我的意志只能选择我的良知对它清楚表示是对的,所以只需要判断准确就能做得好②。然而,就我们心灵世界所牵涉的复杂性,那个假设作为解决之道便显得太简单容易了,甚至无法站得住脚,过错(la faute)绝不可能减为错误(l'erreur),并且按照笛卡尔的话,"犯罪"(pécher)亦不等于"搞错"(se tromper)。

"恶"意吗?

我们从此不得不假设存有一种"根本性的"恶(un mal radical),如果那不是太邪恶的"精灵鬼怪"③。或者,至少如一般评语(康德引用奥瑞斯),承认邪恶是"与生俱来的"(innés),我们也在人类天赋当中发现一种不可否认的"好恶的"反常性。

- *或说,(道德上的)邪恶意谓"没击中(错过)"(raté)吗?*

然而,为了更清楚理解人的这种反常性而且不再视之为恶魔,难道不应该脱离知识狭窄观点而最好将"错误"(erreur)看作"偏差"(dérapage),或者更好地说,如上文已揭示过的,看作"没击中"(raté,

---

① 普罗丁,《法律》,371c,870d;《九章集》,卷三,2(4)。
②《方法论》,第三部分。
③《论人性中根底的恶》,卷三,"人性本恶"。

即普罗丁所说的"sphallesthai"[①])吗？尚-雅各(卢梭)指责天真无知的玛莉雍(Marion)送给他那条他自己偷的缎带,残酷地骂她无耻,甚至该死。他做出这么严厉的举动,其实是因为他在众人面前感到无颜[②]。

"被偷的缎带"一景

或更正确地说,卢梭在回述那件偷缎带的事情的时候,合理地显露该行为是偏差的,因为如果说他在偷缎带的时候被人看见,他就想到了玛莉雍并且为了自卫而指控她。这正显示他事实上挂念着她,他甚至想把那条缎带送给她：这种恶劣行为"确实很奇怪,不过,我对她的情谊才是真正的肇因"。我们在此不必像评论家们那样时而批判卢梭说谎,时而试图为他脱罪,暗示他里面有一种正在形成的变异,或者强调他的行为里经常嫁祸于他者以脱罪。我反而觉得卢梭很勇敢地清楚作出解释：他对那女孩长久以来暗地的爱慕,虽然事先未预期,却使她的名字自然而然地最先出现在他的脑海里,让他用来脱罪。之后,一旦说出了她的名字,尚-雅各便无法阻止已经发动的灾祸,并且顺着情势将他对她的爱慕转变成破坏力量。所犯下的邪恶只是"后果",这是处于肇事者动机之外的,但是这恶却因此严谨地发展出中世纪的神学。普罗丁早已深入阐明,借着游走于形而上学的两个大假设——可知的天与死后的报应——之间提出了大胆的看法：恶是一种对善的渴想,但转错了方向；或者说,根据普罗丁的说法："人的向善之心使他们互相犯错。因为他们达不到善,他们便

---

① 《九章集》,卷三,2(4)。

② 卢梭,《告解录》,卷二末。(*Confessions*,一般译作《忏悔录》,这是顺着奥古斯丁的《忏悔录》之传承而翻译的。然而根据整本书的内容,卢梭并没有忏悔的用意,因此译作《告解录》似乎比《忏悔录》合宜。(译者注)

逐渐远离该目标,因而彼此相残。"①

● **他们审察思想里的老生常谈: 解除了反复出现的迷思**

我们能不能用唯一的借口——这种讨论所使用的语汇和表达方式现在已经过时了——一下子就抛掉从一段很长的时期来思考问题的努力(就像自布罗代尔(Fernand Braudel,1902—1985)以来,历史学家承认在众多快速发生的独立事件当中也存在着为期较长的时段——在思想沿革当中,那些历史事件便相当于种种哲学立论),以反对由它引起的所有懒惰的迷思,以证明或巩固这样的想法,即(道德上)"恶"没有贯通道理? 道德上的恶只是一个瑕疵,或是如普罗丁所下的定义,是一种善的"缺失"(ellipse)②。奥古斯丁回复善恶二元论者说,恶不是一种实质,而只是实质的腐坏,换句话说,是从比较多者往比较少者发展③。托马斯·阿奎纳也说,假如邪恶肯定有其存在理由,这是一个好的理由并且总是间接的;邪恶发生了,但不是自发的而是意外偶发的④。又如笛卡尔所说的,与善相反的应该是这个缺乏存有而不是魔鬼(根据莱布尼茨的说词,这个缺乏即"不完美的外在形式"⑤)。因此,以上那些哲学上和神学上的讨论更加拆解了恶的魅力及其奇异力量;或者更准确地说,恶之所以令人着迷,正由于人类在恶中伸向虚无,也很可能人类将自己交给恶,以伸向虚无,"ad

---

① 《九章集》,卷三,2(4)。

② 同上,卷三,2(5)。

③ 《反驳色昆迪奴斯》(Contre Secundinus),第十二章。

④ 参见罗宏·桑提斯《圣托马斯·阿奎纳与恶.基督信仰与神义论》,巴黎,伯雪尼出版,1992,页149。

⑤ 《神义论》,第三十章。

nihilum tendere"①：人在绝望中，为了找到出路，就在满满存有（le plein d'être）之中挖出了一个破洞，这会是人类唯一的好恶反常性吗？

● 从神学当中拾回一种（能力）不足的无神论道德观

不论把恶视为原则或视为本质，说没有恶就会导致下列这个根本性的立场：人们一致所称的恶（身体病痛或情欲）本身也是一种善，但它是一种次等的善。此外，当灵魂倾向肉体而在情欲作用之下渐渐"肉体化"（corporalise），灵魂只因自己有所缺失而逐渐衰弱，因而变成它自己的影子。神义论论者由此作出结语，说"邪恶"（vice）因此不会构成内在的（或多或少作为根底的）结构，而只是一种不足（déficience）："道德之光的某种缺乏不会摧毁灵魂，但会使它黯淡。"②或者，沿用神学家最喜欢作的比较：一如在可理解的事物当中没有真实，光的缺乏在可感觉的事物当中也没有事实。甚至，奥古斯丁说，这个恶，虽然是附加的又是肤浅的，却暗示在它的上游之处有着众多形式的完美，恶因而才可能存在。

理论上的排除："本生的恶"不过是根生蒂固的差错

因为，只要有形式，有形（forme）则必有内涵性质（qualité）：奥古斯丁驳斥善恶二元论者说，即使是你们的黑暗之君，他的肢体之间也需要协调及和谐的能力，他的各个部位之间也需要统一与阶级层次的能力，简而言之，他需要内在的平衡与布置；他没有这些的话，就会

① 《反驳色昆迪奴斯》，第十一章。
② 奥古斯丁，《论两种灵魂》，第六章。

崩溃①。阴影在很多方面不也积极地参与画作的整体和谐吗？此外，那看起来像一个突出的甚至被强调的特征，使人以为它是"本生的恶"（vice inné），那不过是一种差错的最终产品。所以不是人找恶，而是人倾向恶，或者更准确地说，如普罗丁所纠正的，人"转向较不善的方向"，这是许多差错累积的后果。这些差错起初都不为人注意，渐渐使情势往恶的方向靠牢，终成事实。

- **普罗丁：道德上的恶使人发现人的自由**

有待说明的是，道德上的恶，即使简略为不过是瑕疵而已，对人类生存条件也作出有用的贡献。普罗丁也提过此点：人作恶的能力使他脱离了事物发展过程中沉默的进行，将人提升至人文。因此，作恶能力岂不也在推动人吗？难道不是正因为人有为恶的能力，因而远离动物性的主宰，而发现了他不再被缩减为任何一种本质，他不仅活着（与所有的"活物"一样）而且还意识到他有个别独特命运而存在着（exister avec un destin propre）？"假如人是一种简单的生物，就是他不过如他所生，随着同类的行动而行动，也与同类们一起承受，那么只能把他和其他的生物比较之下才可以责备他。"②然而人不仅仅是"他所生如是"，他还具有某种"别的原则"（un autre principe），即"自由原则"。人有作恶的能力，因此具有双重正当性：既然恶使人有尊严，恶的展现并不是不为人注意的，也不像其他的生物缩卷在万物秩序当中被指定的位置上，所以恶是一种善。另外，人在可能的条件之下，在那产生宇宙的前因后果环环相扣当中，人作为一种发展

---

① 《反驳有关奠基的书信》，第三十章。
② 《九章集》，卷三，3（4）。

的出发点而与众不同,他独立并且自认为如是,这就是独立原则①。即使说没有人是出于心甘情愿而作恶的,作恶的人"邪恶,不论其愿意与否",这点却不阻碍人确实是"自己行动"的,"从自身发出的"。普罗丁强调,是"他们亲自作恶"(所以"他们自己搞错了"),而且作恶的需要并不是外来的,因此是他们自己犯了错。

人因为恶而提升到主体的地位与立场

关键就在此:人正是经由作恶的可能性而发现自我的,因为面对各种既定的功能性时,作恶的可能性使人能更加远离它们;甚至因为"能作恶"也打乱了宇宙运作的规律,人因此能够以(自主的)主体姿态面对世界。

因此,应该再把恶的广度还给人们对恶所作的日常性的而且反射突发性的告发,每次发作时总试图让我们忘记,但从各方面的考虑,反而更加巩固:那就是由于有这个为恶的力量,为善的力量与责任实际上才可能洋洋得意,人才以负责的"主体"自居,因"恶"曾经是其成立条件。我们太容易就用神秘派这个词涵盖普罗丁的思想,而没有考虑到他所提出的神意观点也可能暗示人在世界上的参与,并且取消一切被动的顺从(在神义论里,拒绝理解普罗丁的思想就出于广为流行的"懒惰的理解力"(raison paresseuse),直到莱布尼茨的论说中都存在着)。假如人们在面对敌人的时候,没有任何抵抗的武器,我们就无法抱怨武装优良的那一方会打败他们。普罗丁强调说:"不是由神来替(不愿打战的)和平者战斗。"打战的时候,人们只靠勇敢作战而不是靠祈祷取得胜利。他甚至说:即使那些手无寸铁的人没被打败,"神意"会因为让最软弱的分子主宰世界而显得太随便了。

---

① 《九章集》,卷三,2(10)。

我们的理解是，如果人们遭受专制政权，只能怪他们自己。人们期待听到最能使人安宁的话语（因这话语把顺从跟宇宙秩序连结起来），反而听到最叫人触目惊心的话。即使普罗丁用那叫人惊心的话来为神脱罪，该说法却是很明显地说出"恶人控制掌权，乃因被控制者的懦弱，而这就是正义"。

五

论对恶的吸纳（或论画作的逻辑）

有一点可以厘清我们的思考（但我们只顺着它走，而不是对思考的想象或恐惧），就是"恶"并不是邪恶的，它是善的力量的一部分（participe à l'économie du bien①）。我们究竟还要把上文所说的解释重复多少次，甚至在其周围踏步绕圈子，才能说服人们呢？所有的神义论论证可是使尽浑身解数才遏制了其他与其不同的观点，因此不断地累积它们对善恶所作的诠释并且重复与它们相关的核证。这样做是为了在论述的开始便隐藏后面这个无法清除的成见，亦即认为会有恶与善相对，并且生活和历史都是善恶对立交锋之后的结果。我们感到惊讶，也很想知道，什么事物竟然会如此抗拒着而使这个幻觉变得更牢固而不可破呢？或者说，究竟是什么因素使得人们从未结束他们对事实上没有任何实质的恶的论证？提出这样的质疑，不是要宣称善恶之间的分界线是武断的，或说该分界线只是不明确而已；若是如此，我们可以把它们混淆或者我们有权利把恶看作善，把

---

① 直译是"参与善的力量"，就是说"作为善的力量的成分"。（译者注）

善看作恶。提出该疑问，也不是要揭发那些埋在象征之下的内容，总说它们是假造的、错误的，由于意识形态不停地用它们制造价值观（这样的怀疑可得归功于尼采和马克思）。提出该问题是要指出，善恶对立的成见里面就提供了一个取之不尽的叙述上的便利，那就是善恶两个元素一旦对立起来就会产生张力，衍生出一场戏，而且两个演员一入戏，故事就开始了。

• "道德上"的邪恶与"身体上"的病痛

"善"与"恶"面对面，是出于组合上的方便性，因为人们观看恶的演出，好像他们看神话故事一样。智慧倒是要揭发这种捏造和幻想。我们甚至要说，进入智慧，首先就是"不再相信恶"。既不相信"道德"上的邪恶，因为我们观察到，人正是在相反的情况之下，也就是说能在道德上表现出邪恶，他才开始跨越了栽培他的社会秩序，也才能从此宣传推展他的人文并且确定他的自由（因此他已经置身在人间天堂：人幸亏犯了原罪才得以脱离神，而为自己打造一个属于他的命运；在那之前，人活着但没意识到他的存在）。也不相信"身体"上的病痛，即痛苦、疾病、死亡，因为这种看法一旦离开个人观点，就会认为那些病痛乃是现实世界之"流"（flux）周而复始地回转。柏拉图承认，这个古老的意象源自荷马，我们继承之后，从此就不再抛弃了[1]，亦即身体病痛被淹没于一个宏观而整体的逻辑里。（在本体论上）使恶减少，就是揭发把恶视作本质上的原理之幻想；吸纳（résorber）病痛就是让那些可能发生的多多少少使人感到不舒服的小颗粒逐渐化解掉，在生活这条川流不息的大河里，它们被认为是"偶然发生的"

---

[1]《Théétète》，152e。

(per accidens)。

● *最低度的推理*

有什么会比这种看法更浅显的呢？那就是为了有"好一点的"，应该有"差一点的"；假若没有恶，我们就无法感觉到善。因此，善非得有恶不可（这个显而易见的论说却很可能继续被人忽略）。苏格拉底在他生前最后一日之际，擦着自己的皮肤，以便享受他身上的铁链刚刚被解除了的快感。我们就从普罗丁任其反思死于推理的零度之处开始吧：即善恶于同样的范围里在操作上具有一种对比性的功能（une fonction de comparatif），它们二者存在的正当性只能经由对方来确认。"想在宇宙当中消除最恶劣的事物，这是摧毁神意本身。"①神意（在"神意"里）究竟提供了什么？"既不是提供神意自己，也不是提供最好的。"或者，大家比较愿意将神意这个被批评为太具有目的论倾向的修辞加上双括号而问假如"善的旁边没有诸恶"，那么逻各斯（logos）与理性（raison）能否在神意上起作用呢？邪恶和病痛确实存在的，与善显然有别，但又与善共为一体。假若不给思考能力和良善一个与之相反的物质，让它们有操作的对象，那么，思考能力便不需要工作了，善也不必彰显出来了。位于神义论的悠久传统论证之末端的莱布尼茨提出，基督教的圣经之根柢也具有同样的道理，并且新旧约之间还通过一个隐密的契约，很有创意地互相衔接：就是亚当必须犯下原罪，耶稣才能以救世主的身份来到世上。有幸的错误（felix culpa）！莱布尼茨像数学家一般地在这两者之间试验了各种可能的计算和评估，其结论是，一连串的事情有罪恶加进去之后，"所

① 普罗丁，《九章集》，卷三，3(7)。

引发的后果确实比没有罪恶的因素还好"①。因为罪恶越多之处，神的恩典就显得更"丰富"，而"我们也记得我们得到耶稣，是当我们还做罪人的时候"。

● 显而易见的论证有哲学地位吗？

面对平庸的态度时：就是善要求有恶，或是，好人需要坏人来表现他们的仁慈，医生需要病人，警察需要小偷……又如，我不生病的话，便很难享受健康的美好。面对这些平庸的态度，我们的思维会比面对敌人时的感觉还不舒服。只要这些"显而易见的道理"（truisme）在真实的上游迷了路，就是事先承认没有出路。这可是幼稚的说法——不过，大家很清楚，"幼稚的"正是哲学隐藏的懊悔，因为幼稚使人们大感惊讶而且理性无法捕捉幼稚。

在"真"的上游，不会引起思考②

我们说过，哲学只推动它希望建构的事物，它对这样的事物已经隐约看见可能进行的讨论：其中有假设操作着，其中有错综复杂威胁着，简而言之，必得在其中冒风险，或者，至少以真假来说，其中某处有某种东西会使人皱眉。然而，凡是"掉落在意义之下"（tombe sous le sens）的事物也会因此从哲学的手中掉落。我们承认吧，说到底，我们的哲学家所感兴趣的，不是真理的全部，而是真理不琐碎的（non triviale）那一部分；哲学忘了（假装忘了）存在着琐碎性的真理。坦白地说，在人的思维中，理智所忘了的"其他的"正是由于这些是无

---

① 莱布尼茨，《神义论》，页 10、11。
② 思考上的逻辑推理乃在分辨真假，所以在真假未分的上游之处，不会引起思考，因为没有真或假需要分辨的。（译者注）

法"奠基"（fondé）的琐碎部分，因此"其他的"只是被托住、被承载着。

● 塞内加： 修辞学上的"变化"取代了哲学没建造的部分

在这点上，神义论则与哲学成对比，因神义论同意上述的那种没意思的琐碎。它们与其快速地草草一笔带过，与其紧抓着善，使善孤立，使善具体化，使善背靠着"太一"、"存有本体"（à l'Un, à l'Etre），或者与其将善外推"到本质性之外"（au-delà de l'essence），神义论倒是敢把我们引领到这个地步，亦即善恶之间的联系太紧密了而让人无法探测，而且关于善恶的论述太坚固而永远难以拆解，以至于它们不再显现，不能变成真理之象，而只能以后面这种无药可救的平庸论述出现：就是最好的需要最差的，才能证明其优点；神意需要恶疾才能运作。在这个议题上已经没有什么可再多置一词的，可再捍卫的或可批判的。普罗丁很清楚，在思考上有关该议题的论述是死胡同，他就兴致勃勃地直接开展"世界之树"这个丰富的古老意象。他因此作出了一份罗列了有关神义论之东拼西凑的论述（如此没有组织架构的做法，这正是神义论特有的方式，甚至为神义论作总结的莱布尼茨也这么做）。斯多葛学派早期也提出了相近的论点（譬如，克利西波斯的《论臭虫的用处》），说不幸给智者一个修养美德的机会（occasio virtutis）；不幸将被看作一种"锻炼（练习）"，（就像夜里的臭虫）让我们保持警醒，使我们受到摇摆，因而往前走以便克服困难，因此非得有恶不可。塞内加在他有关神意的论著当中，因为没有其他的重要专论可援用，他只能精心地用格式顺着页数来编织他的论证。如果说该书的修辞是合乎逻辑的，这是因为作者塞内加必须说服他的读者，他只能用修辞变化多样性而通过修辞意象理性地建造那些太基本的事物。他写道：有德之人探索合乎其身的考验，因为没有敌人的话，勇气会萎缩；神打击那些他所爱的人，以便使他们配得他的恩典；一株树只有在经得起风吹之后才变得坚固……"你未曾受过苦的话，就真不幸啊！人们将不知道你会做什么，而你自己也不知道。"①

● 无药可救的平庸：病痛有助于必要的多元性

如果说捉襟见肘的哲学于此不得不让位给修辞学，如果说人们只能通过主题枯燥无味地把思维想要建构但是没做到的东西贯串起来，这是因为面对"恶"这个"源—哲学性"的议题，大家没有概念工具可以探测而捕捉它。于是，人们只能罗列相关的论述（没有其他的可能做法，这就是为什么我于本书的开端，就用了一个意象：即在神义论的耕地上收割拾取（glaner）存有物）。事实上，人们所罗列的论证也无法避免后面这个谚语式的平庸说法："必须有一切的事物，才能构成宇宙。"这个说法对万物的理解太综观式，因此对物之形成无法得出任何原则或基底。我们对该谚语中的"必须"（il faut）要有正确的理解，它不是处方式的，而是逻辑推理式的：普罗丁说，病痛（痛苦、疾病等等）也是理性推理的部分，这不是说推理制造了病痛，而是说推理涵盖了病痛，因为病痛对世界的丰富与美（poikilia）②所需要的多元性有所贡献。要有"宇宙"，必须有全体（tout），或说必须"什么都有"（de tout）：痛苦和喜乐，健康和疾病，等等；假若没有这些的话，人间大戏就会单调乏味，日子日复一日地流过，生活枯燥。安置一个宇宙（古典思想从未质疑它自身的成见，那就是有一个"全体"，

① 塞内加，《论神意》，卷四。
② 普罗丁，《九章集》，卷三，3（1）。

有一个"宇宙"），就是引用一种不仅仅是经过安排组织的逻辑（亦即它的"组合"（syn-taxe）），还引用一种"填装"（rempliment（sumplerôsis））逻辑，人们事实上只能用各式各样的事物来填装宇宙。否则，只有毫无生产力的累积和重复：真正的圆满乃由种种事物共同组成的。"如果取消了低级种类的角色，宇宙的美将消逝，因为宇宙只能也拥有那些低级的事物才会完整。"①按照希腊哲思的范畴，我们平常所称的恶，只是相对于全体，部分显出的"合法的不完全"（不足，缺失）：因为一个部分无法等于全体（否则部分就不再是部分，而是全体），接下来，由于只有多个"各部分"（chacun），而且各部分不是全体，因此各部分就没有那些专属于全体的事物②，此乃合理合法的。

- ● **斯多葛学派的观点：全体的贯通道理：有一个"全体"**

　　然而，每一个部分"因它要与宇宙平起平坐"，也就是说，自认为是全体，它就"尽可能地往自己身上贴金"③。跟着而来的，是各个部分持续地互相起冲突，造成"权力即暴力"，那是由部分施加给全体的。可是在全体的层面上，各个部分之间的紧张关系便因组合之后的单纯效能而化为和谐，换句话说，各个部分一起共同组合（syn-taxe）。人们的注意力也会放在这个全体的和谐上面，而不会放在切断了其归属的部分上面，因为这么做的话，便失去了把各个部分衔接于全体的贯通道理（co-hérence）而被害怕或痛苦拴住。斯多葛学派说：那么卷入汹涌波涛当中，其中的个别不过是泡沫而已。这可不

---

① 普罗丁，《九章集》，卷三，2（11）。
② 同上，卷三，2（14）。
③ 同上，卷三，2（17）。

是说要把注意力转移到另一个世界（即神的启示所呼吁的不可见者，而称之为信仰），而是要我们脱离自己的短视，改变观看的尺度，以"宇宙"为测量标准，将我们自己提升到宇宙整体的广阔境界。从如此辽阔的视野看出去，我们将看见那些先前以个人名义而显得吓人的事物此刻便消失了。

- **"生活"整合的能力：贯通道理（cohérence），默契（connivence），同谋（complicité）**

然而，针对痛苦而言，人们能取得上述的那种效果吗？严格说来，痛苦难道不是个别性的，甚至是个别化的最佳例子吗？斯多葛学派又说：回到初始的定锚之处，就是顺从生活（l'assentiment à la vie）。"生活"不可能是"知识"的客体（因为缺乏足够的客观距离），但是我们与生活之间都有默契。自远古以来，人们是生活的同谋。生活按其生化逻辑自行吸纳一切的痛苦或委屈，生活的定义正是"那个总会吸纳一切的"，每一个人难道不早已知道这点，即使他在生活中的抱怨和拒绝悄悄地持续进行着？甚至，每一个人岂不内心暗地里一开始就同意，在个别性之外，他对生活的顺从事实上就是生活对生活自己的顺从。智慧就在于将生活提升到方法性的层次。进入智慧基本上（只）是调整视野，使自己靠近吸纳的那一方，也就是说，把视线从部分转移到全体，或说转移到笛卡尔所谓的"所有事物整体上共同组成的宇宙"（l'université de tous les êtres）。笛卡尔在全体当中冥思该宇宙的完成，其存在条件的限制也通过全体而取得合法性。的确，神可以把我造得比我现在的样子还美好，譬如说神把我创造成"永远不衰弱"。然而，"我不能因为此点而否认，宇宙之所以有一种更宏大的完美,乃因为它的一些部分有瑕疵,而不是因为它所有的部分都类似"①。

● 距离: 静观生活

"我没有权利抱怨",世界会因我的不完美而更完美。神乃画家,他的画笔中所留下的瑕疵,正是要凸显出该画作的笔触。普罗丁早已承认,我们要是不理解画家必须作出多元变化而指责他没有到处安排美丽的物体或颜色,我们会是低劣的评论者②。用画作来比喻,就会在画作当中汇集了使道德转变成美的主要成分并且使这些成分互相连结,道德就完全联系于视线的转移:在画面上那些本身没有价值的细节,由于参差浓淡地组合而对画面整体作出贡献。譬如风景画当中远处线条淡出弥散;或如画面充满多彩多姿的丰富成分;又如应当退后几步以便捕捉画作的整体效果。斯多葛学派并不呼吁"聆听"一个讯息(譬如有关另一个世界的"福音"),如宗教所做的,而是教导人们看待生活的艺术。这种完全取决于自己的看法便安排了伦理性的距离,它要求人们付出努力,它可以(犹如从外面)引导和管理生活。看事情的角度改变了之后,就能决定我们拥有的"意念之象(或'念象')"(représentations)③,从此足以指挥所有的感觉和行动;与此同时,我们的精神也能脱离个人牵挂而去关注生存整体上与己身无利害关系的事物。

普罗丁: 画中由种种不同而共同达成的和谐

普罗丁用艺术来作比喻,这可不是文学装饰,而是要阐明论证的核心。他继续借用"潘"这位牧神的笛子来说明笛子长短不同的管子

---

① 笛卡尔,《形而上学之冥思》,卷四。
② 普罗丁,《九章集》,卷三,2(11)。
③ 根据作者的解释,此处的 représentations 指我们心中的意念所形成的事物之相,而不是已有的意象或形象(image)之"再现"。(译者注)

发出低音和高音，因而一起共同产生旋律。人唱歌，人的七情六欲和种种不同的行动融入同一首韵律里，即"人的生活及其行为的韵律"。又如在舞台上的戏剧，包含了各种类型的角色，有好人也有坏人，所有的角色都随着故事情节而做出相应合理的动作。或如舞蹈的伴唱团中的好坏角色会随着舞蹈情节的演进而顺向或逆向歌唱。一旦按照方法而学会了把生活（包含自己的生活）建立成"于己之外"的演出（此处的"己"乃属于我们内在理性的"纯粹自主的并由自己领导自己的"原则），我们就不会有困难地把恶视为组成芭蕾舞（就是生活）的一部分。又或如，我下文将再引用这个比喻，因为它肯定排除了一切悲剧和悲情，而只保存了生活的精华：每一个人的生活，因其内在逐渐形成的自我塑造的方式而"含蓄合理的"，所以它是艺术家的行为，可以比照于每一个时刻连续跳动的舞蹈家的优雅舞姿。

● 奥古斯丁： 演说时的更新

身为资深演说家的奥古斯丁叫人聆听两次"短暂之美"（beauté temporelle）的过程，这是生死不断连续的过程，奥古斯丁用句子的流程来比喻该过程，人所说出的字之体（le corps du mot）在句子里形成而消逝于静默，因此论述是整体上由"字之启动与连接"而引到结束，其间的静默也给句子带来"恰当与优雅"。正如衔接着上一个音节的消逝而生出的每一个音节会填满它自身的时空，直到整个论述结束，一切生物的死与生也如此地循循相还[①]。句子的流动、舞蹈的转动、旋律的流畅，此处的比喻之意义在于掏空矫情，不再视其如（个体的和戏剧性的）内心里的顿然涌现，而是"生活的流动（生命的流转）"纯

[①]《反驳色昆迪奴斯》，卷十五；《反驳关于奠基的书信》，卷四十一。

粹是现象性的。这样的比喻每一次都被赋予一种能凸显"跨个体性"（trans-individualité）的能力，比喻自身就形成整体性（字、声音、动作），不需要别的内在管理，字、声音或动作前后相连就够了，这个唯一的前后相连会隐藏在生活"自我吸纳整合"的流程之中。然而这些比喻到什么程度能使人忘记后面这一点，那就是根据西方的创世神话，身为作者的演说家或艺术家，面对他们的作品，还扮演着神意的角色吗？在这点上，奥古斯丁至少出于神义论的逻辑，而在他为神辩护时加入了后面这种古典自然论：破坏解体、死亡，只有在"全体"这个范畴之下才为人理解，因为破坏解体乃生物更替的条件，所以也是生物更新的条件，因此让生物在总体当中继续存活。由疾病和邪恶所制造的瓦解"可让其他的形塑组成出现"，普罗丁已经作出结语说：此世的动态生命犹如静态生命（即理性或精神生命）的"呼吸"①。

- ### 生活当中隐而未显的思考能力（哲学自此起程？）

老生常谈、谚语、变化、比喻：人们难道总无法意识到由各种恶所织成的存在，而只能用那些格言形式来证明该存在是合理的吗？（那些形式围绕着隐而未显的事物，或者召唤修辞形象，或使用从旁侧击的手法。）其中，什么是那个人们并未察觉到的"自圆其说"？在我看来，此处似乎出现了那个专注哲学的问题，该问题甚至是蒙田一直探索的（大家都知道他那部独一无二的《随笔集》的艺术就是，善于千变万化之中形塑出一种思维的特点，这是通过"我—主体"去改变当时受贬遭斥的平庸事物）。我们可以粗略地把该问题扼要如下：追根究底，生活的智慧难道不是"非理论性的"（a-théorique）吗？它

---

① 普罗丁，《九章集》，卷三，2(4)。

把我们困在"源—哲学"里（infra-philosophie）？哲学必须从这个状态起飞（但是哲学也因此离开了生活），以便构思、抽象化、论证（哲学因而不再思考生活，而是思考"存在"（existence），因为生活正是人们在思维上，而非在伦理上，无法与之腾出距离的）。

普罗丁：　理性内部不也涵盖相反对立的事物吗？

普罗丁为了将疾病和恶整合入生活的贯通道理当中，在逻辑思辨上作了令人惊讶的突破。他所提出的回答先给出一种来自柏拉图主义形而上的弱性解释，亦即我们的世界之众相，与其理型相较之下，是越来越差的。然而，他随后根据他对戏剧整体合一律的思考，以及对音乐合音之内在性结构的思考，而得出结论：理性本身（是理性而不是世界）就具有相反对立因素，假若理性不是多元性的，它就无法是全面整体的，因此不是理性了："既为理性，它就不同于自己，并且最大的差异就是与其相反的（enantiâsis）。"[1]我们注意到，普罗丁所谓的"理性"所含的是正反对立（contrariété），还不是矛盾（contradiction）。即使如此，神意思维确实察觉到那个更公开地把我们带往反面的事物之功能，它在某种程度上已经往"间辩法"（dialectique）[2]发展。或者，我们可以反过来说，有关神义论，间辩法之开展可能就像它那缓慢的（而无法完成的）世俗化。

---

① 普罗丁，《九章集》，卷三，2(16)。

② 希腊文的 dialectique 包含两个字根：dia（表示"之间"、"面对面"和"过程"）和 lectique（来自 logos，表示言说，具有逻辑思考的论述）。中文通行的译词是"辩证法"或"辩证论"；这样的译词忽略了 dia。与作者讨论之后，我们决定提出一个贴近原文涵义的新译词：间辩法。有关此点，请参考朱利安的《间距与之间》（台北：五南图书出版，2013）。（译者注）

六

神义论的矜持，或说为何它们
要使恶合理化的论证总是不足

神义论不辞辛劳地处理"恶（疾病）"和"苦痛"（des maux[①]et des peines，*ta kaka*，*ta ponera*），暗地里脱离了"哭墙"（Mur des lamentations)[②]所指涉的恶（不幸），认为恶只是非善，或者藏在善的空隙里，或者在善的反面展开；恶于是与善共成一体，以至于人们无法将它们分开。此后，呻吟是毫无对象的呻吟，也不再可能抱怨。神义论辛苦做成的论证锲而不舍地重复说，恶"有助于"，恶是"有用的"，以便化解恶并且消解心中的难受感觉（苦味）。这些论证将恶缩减，把恶纳入善而使恶被吸纳了，因此一步一步地转化了人们在那之前给予恶的形象。它们不再把恶与一个"应该如是"（un devoir-être）对立起来，反而以恶的功能性为名而为其辩护；它们不再从个别主体

---

① "maux"是"mal"的复数形态，可以表示"邪恶"也可以表示"病痛"。（译者注）
② "哭墙"是犹太人在耶路撒冷于西元前10世纪，所罗门王下令建造的圣殿被毁之后遗留的一面墙，犹太人会去墙前为他们的苦难和不幸哭泣。（译者注）

之内在性的观点出发，而从事情运作过程（或说"宇宙灵魂"，Âme du monde）整体性的观点出发。它们将恶整合入世界现实运转当中，从此取代了把恶从世界排除出去的做法；即，不可否认的，恶是必要的，以作为琢磨善的工具或是善降临的先决条件（即"降临期"，Avent①），因而显示恶是"合逻辑的"，而这个恶的必要性便取代了不断发出"为什么有恶"的痛苦质疑而产生的戏剧化：那些痛苦的质疑探问为什么有战争，为什么有暴力，为什么有不公义（或为什么有痛苦、疾病、死亡）。

• **我们（在理智上游）的信念是以什么默默地编织而成的？**

　　上述的论证是合逻辑的，但是如何让人相信呢？斯多葛学派正是在这个问题上下了很多功夫：论证究竟在什么程度上能实际地对症下药，改变我们的看法，塑造我们的"意念之象"（nos représentations）并且转化它们呢？或者说，假如不再有信仰上"可信"的对象，就把神意这个项目搁置一旁（我们因此只用经验来澄清论点），那么如何说服自己（s'en con-vaincre）？就是说，如何让人们所提出的论证自身可以叫人"信服"（vaincre en soi）？如何使所提出的论证渗入人们思维的隐秘之处，以减少抗拒并使抗拒长期瘫痪，因而最后融入一种朝向自己并且"与"自己越来越持久的伴随（就是"一起"征服，con-vaincre，如同人们说"一起"意识，con-science）？还有，如何以之"生活"？当我们选择要听见"con-victio"这个词里把那个征服者（ce qui vainc）与人们赖以"生活"的事物（à quoi l'on vit）混为一

―――――――――――――

① 在犹太—基督教传统里，"Avent"指等候弥赛亚的来临，也表示耶稣再度降临之前的时期。（译者注）

谈的回声，此刻难道不会听到人在出生之际所喊出的第一声吗（或是人将死的时刻所发出的受到惊吓的喊声吗）？就这点而言，那些零星散乱的微不足道的说明，即使没有论证性，但是由于不停地被修改而重新说出，它们也会产生更多的作用。或者说，有关那些难以说服人（也难以自我说服）的理所当然的比喻，通过多种形式而使人们感受到该理所当然的正确性，就是把它转移到艺术领域而使它受惠于视觉上的后撤效果，或者更严谨地说，"审美"效果。我们甚至可以说，那些只以说明为目的的比喻走得更远，以便填补概念的缺乏（概念可以将那些众说纷纭的说法串连起来，它们一旦不再任由神意统筹的时候就肯定显得四分五裂，不是吗）。譬如，"图画"这个意象预设了宇宙万物的生活可以整体上观看的，从这个观点出发，所有的成分，包括有瑕疵的或恶劣的，包括阴影和丑陋的笔画，非但都必须存在，甚且互相合作而共同构成画面。还有，句子的意象、舞蹈的意象、旋律的意象，这些比喻通过顺逆规则而更能凸显出一切不同过程的发展之内在要求。

● "恶"因被发现是功能性的而转成"反面性"

观点可能会逆转过来，但就是缺乏概念。从功能性与整体性来观看的时候，或者更精确地说，顺着"整合—合作—过程"（intégration-coopération-procès）这些意象来观看的时候，许多特点都向反面汇聚，甚至以尖锐的方式要求有反面性，但就是缺乏这个概念，"反面性"就是没被作为概念来思考。然而，此点正是与神意对照的反面（反面，因为它不再充实地运作而是在空隙里起作用，不再顺向而是逆向，不再从天上高高地而是在过程的内部运作）。唯有反面性能开始在逻辑上而不再于意识形态上，将所有由神意（la providence)这个管辖意象所统筹的事物连起来,即使它无法把它们建造成一个统一体。然而,"缺乏"一个概念,并不像缺乏一个被呼叫的名字(因为人们已经知道必须呼叫它),也不像缺乏一份(已经完成的)清单的名称。那个人们所缺乏的概念曾经是在"永恒"之下长期深刻地受到抑制的对象。

然而神义论并不因此思考反面性

或者更尖锐地说,我相信神义论历来不愿思考"反面性有其价值"的主要原因是,当这些为神意辩护的论证的目的是解除恶、平抚恶的时候,它们同时避免质疑"善"本身的结构而且仍将恶安置于善之中。然而只需要把问题反转,从反面来提问。不再只问:"恶有什么作用?"在同一个提问的动作里还要问:"善究竟缺乏什么?"(因为善需要恶,正如大家所说的,恶为善"提供服务"。)

因为它们不问善何以需要不善,善无法自我满足而必须离开自己

神义论认为,除掉对恶的排斥与定罪,这是将恶整合入善里。但是它们没反过来思考,既然人们在恶的对照之下才发觉善,善内部暗地里对恶也有着依赖。当神义论避开了所有的二元对立论的悲剧(由恶管理的悲剧)之后,就会看到恶不再是懊悔的对象而是运动与不安的原则(principe de mouvement et d'*in*-quiétude),这个不安不再被人们发现而告发,而是一开始就牵连在内,这不安不再是被动地而是默默地起作用。善从此发现自己是"不足的"(insuffisant),不是面对世界时(如二元对立论的摩尼教徒所主张的)所发现的"不足",而是"面对自己"(à l'égard de soi)所感到的"不足",换句话说,在某种程度上让"连自己也无法忍受自己"凸显出来。神义论要的是智慧而不是眩晕:从这种有孕育力的自我拔除(自我推开)产生出来的就

是"反面性"。那甚至挖深了"生活"与"存在"之间的间距（l'écart entre vivre et exister）。不过，那些锲而不舍地呼吁恶具有这个有实无名的角色之神义论，倒是把我们带到这样的处境：善本身有什么最初的缺失（这缺失也叫作原罪）被解释成生存中不可容忍的，而使善遭受攻击呢？

● *幸福使人无聊*

我们再次回顾：重读神义论的论证，我们的确看到前面的说词站不住脚或者有偏差，因为连建构得最好的比喻都在逃避上述的问题。它们都坚持存有一种善的意念（不论那是"太一"、"存有本体"、"绝对"、"全体"），那是自足的、自有的、贯通道理的（auto-suffisant-auto-consistant）①，具有神圣地位，或至少有形而上的地位；它们未曾怀疑此善会被那服侍善的恶所触及。此外，那些比喻所使用的意象都是经过选取的并且避免做出更深入的发展，譬如，神义论很喜欢用戏剧比喻，然而剧场肯定要有神话故事作为底蕴。我们理解到，戏剧在舞台上只呈现出多种角色，好人和坏人，为了整出戏的统一性，他们都是必要的，而且戏剧最后要做的是，为"生活的悲剧"祛邪。但是，戏剧是否因此回应了它内部出现的"叙事要有悬疑情节的道理"？我们注意到，该叙事道理与"描述必须有的附着道理"对立，而摩尼教徒的信仰便盲目地以该道理为凭据：他们说，善需要遭受威胁才能如是彰显而成为事实，人们对善才更感兴趣，历史最终才会启动。假

---

① 根据作者的解释，此处的"consistant"不采用该词的传统用法，因为它意谓每一个实体（实性）乃"一起挺住而贯通的"（consistant 与 essence 对立）；"auto-consistant"表示该"一起挺住而贯通的"是来自本身的，不是外来的。（译者注）

如我们停留在这个意象上，就是一个叙事（任何时刻都可以查证的），即使持续地"幸福快乐"的故事也会令人感到无聊，甚至失去它的实质而瓦解（就是当"他们结婚而生了很多孩子"，叙事便在此打住，故事就不再吸引我们了），那么存在的道理（logique d'exister）会给我们什么启发呢？司汤达的故事主人翁达到目的的时候，司汤达就让叙事悬置，因为他很害怕困在完善之中（就是没有不安的"快乐幸福"）；司汤达也可能让那部小说处于未完成状态（其实他大部分的小说都是如此），或者叫人向德·雷娜夫人（Madame de Rênal）[①]开枪，以便刺破令人不可忍受的圆满状态，那状态就是美满的婚姻誓约以及跻身进入贵族世界的美梦成真，还有小孩。

● 不幸使生活紧凑

为了使我们所经历过的不幸遭遇合理化（但又不认为那只是生活经验，所以人们要抛开该不幸）而交替援引的那些理由，迄今还具有相当的外在性：譬如，舞台上必须有不幸，因为人们在现实生活中经历不幸（这种看法的准则是，我们在悲剧里认得出自己，也就是所谓的现实论）；或者我们因看见临到别人身上的灾难而感触良深或高兴（宣泄式或虐人式）；甚至认为必须有不幸才能感受自己的幸福，因为没有不幸，我们很难测量幸福，甚至对幸福毫无概念……没必要继续举出其他的衍射例子，因为我们很清楚为了走出存在自身的迟缓无力，存在的结构本身——于其开端也于其基础——必然要求冒险（并且冒险是实际发生的）。我们用语言的例子会看得更清楚，在语言的结实性当中进行分裂操作才会凸显出语言意涵。同样的，来自

---

① 德·雷娜夫人是司汤达的小说《红与黑》中女主人翁的名字。（译者注）

不幸的压迫会把生活(生命)逼出它那静默的萎缩困乏;我们看到它重新展现而悸动,它的流动不再被我们忽略。当然,此处不是悲观主义(也不是"痛苦有益论"dolorisme),人们向来都知道的,这种态度只是回避生活或者更愿意使生活留在朦胧之中。此处,反面性的概念终于容许我们使生活更紧密,就是说,反面性在生活里面挖深,个人因而感觉到自身的存在,也发现自己的意识和从未想到的能力。我举一个例子:那位眼睛瞎了的俄狄浦斯没被杀死,或说,俄狄浦斯在挖了眼睛之后,反而醒悟了,而抵达科隆纳,泰然安宁。

祖传性的保留导致不愿思考"全然正面是不可忍受"的

如果我在此谈到"回避"(biaiser,"反面或负面"正是人们基本上要回避的),这是因为神义论似乎在反面性所开启的根本性(radicalité)①面前颤栗不安。不论是关于死亡还是关于恶,都应当质问人们回避它们的方式。大家乐于指出死有助于生,因为死亡使物种更新而让世界得以新陈代谢;但是为什么他们不敢更靠近地设想,生命一旦不再受到死亡穿越而得到滋润,就立刻会变弱了? 因为我们都很知道(on sait bien),(就是这个"我们都很知道"),要从此地近处出发(而不是去"彼地"他处寻找启示),我们必须质问,此处既表示合宜的、不言自明的"都很知道",其实也带着某种程度的"否认"(dénégation),具有不经思考的反作用。

那些人们谨慎地也害怕地维持在隐而未显的知识状态的事物

因"我们都很知道",没有所谓的生然后死(这种生死的秩序乃按照事件纯然个别的戏剧化,那是无法避免的又是零星发生的),而是

① 此处的"radicalité"指的是"在根本上","最贴近根本"。(译者注)

六　神义论的矜持,或说为何它要使思合理化的论证总是不足

"死"犹如生的反面，不停地与生共进；生通过死而不停地冒险，生也随时随刻可以逆转到死之中。因此，因生持续地想脱离死，死就不断地使生具有张力。研究过死亡的生物学家们从实验经验当中得出结论：生并不容易与死分开，死倒是住在生里面；他们所称呼的"执行者"（即"死"）已经蕴含在细胞核里，就是说，胚胎本身就承载着它的反面性和它的磨灭，犹如涵藏一种开放的潜在可能性。对细胞而言，"活"（vivre）就是"幸存（余生）"（*sur*-vivre），亦即不停地延迟那个总是伺机而行的自我摧毁[1]。

● 死不仅凸显出活，死还推动活

我们不能满足于建立在死亡使生命更新这个功能性上的和好，我们也不能因此满足于一种立基于反差美学上的邀请，亦即那个我们在人文历史上把它与贺拉斯（Horace）[2]连在一起的邀请："在死的阴影之下"，生会更有光彩，必须赶快"撷取那些流走的愉快"；快乐因其稍纵即逝而更吸引人，它们不会重来，这是智慧的字典给的定义，而蒙田说，我"再次触摸"（retâte）愉快并且"执"于其中……[3]因为，如果死不只是反差性的，甚且在结构上具有启发性的，那死就不是生最极端的可能"烦恼"（人总事先思考死）；死也不是因其关闭生命而强迫现存事物"开放"（ouverture）的源头（如海德格尔所主张的）；而是

---

① 请参考 Jean-Claude Ameisen,《生物的雕塑：细胞自杀或创造性的死》(*La Sculpture du vivant. Le suicide cellulaire ou la mort créatrice*), Paris, Seuil, 1999 ; rééd. Coll. 《Points》, p. 102 *sq*.

② 罗马帝国奥古斯都执政期间的诗人、评论家、翻译家，是古罗马黄金时代的代表之一。（译者注）

③ 蒙田,《随笔集》, 卷三, 13:"论经验"(Montaigne, *Essais*, III, 13, "De l'expérience").

在更根本的层面上,死是"推动"生的可能条件。没有该条件的话,生就无法"往前"承载而投入世界,也无法发现自身的价值。或说,如果"必须"有死亡,这就不仅像经常置身于危险当中,生必得克服该危险,还因为"非—活"(non-vie,生物一旦出生,人们就过分个体化地把"非—活"表达作生物的"死")正是生所赖以逃离其自身因饱和而窒息的因素,生因而能呼吸。如是,普罗丁使"动态生命的呼吸"(zôé kinouménè)与"永恒这个不变动的主宰"(régime immobile de l'éternel)对立。我们想一想,或者说,试着想象(这个想象本身也不过是一种想象而已),生离开它的死之"成分"会是什么样子:我们可能会像突然被丢在沙上的鱼,在沙上奋力要回到水里。

● 难以忍受的长生不死

即使人们"总是"喜欢"再现的"是"相反的"事物,但这不会反驳事物原则,不过,人的这个喜好反倒会使人不安。人按照他对永恒的梦想给自己塑造他自身的形象,好似那是他最珍贵的心愿,或者说,至少死亡显然是一种缺乏形式,甚至是缺乏的绝对形式。好似人应该只能承认,没有死亡的话,"缺乏会缺乏"(manquerait du manque),生也不可能被设想而且不可能被欲求。如果说人们乐于呈现长生不死的众神以逃离人特有的本性定义,我们还是看到那些不会死的神的幸福,一开始就只能在"人类会死"这个作为底蕴的最初始条件之下才能成立(只需要重读荷马就看得到)。在这个条件之下,死不会降临到诸神身上,但是死在那之前(回溯到不可记忆的远古)所打开的可能性却不会后撤;"意义"就从此生出,人的命运也独立凸显出来了。根据经常为人引用的那种教会圣师的古老论证,人类生存条件的目的太常被暂时性地深嵌在意义与物质里,于是"永恒"是无法想象的。没有死这个反面性因素，非但生活令人难以忍受（如所有关于乐园的描绘所显示的，以但丁为首），生之观也自然地从此令人无法捕捉。

● 一切的活动之下都有反面性

神义论认为要很靠近地思索正反之间的联系是太危险的事情，于是投射到一个遥远的意象，即"神意"（la Providence）。它们还证明，譬如，恶之所以存在，是因为缺乏恶就不再需要神意，逻各斯也不再工作了；好似反面性没有更普遍的价值，人们也不必通过这些特殊的意象来解读反面性。简而言之，好似我们任何时刻没有反面性就不完全是我们了。换句话说，好似没有反面性的牵连的话，我们会没有物质对象可思考、可做、可说等等；好似假如没有某种抗拒在虚处支撑我们，或作为我们的依靠，以便勾画出这个动作或推动这个意愿，我们的生命力就无法施展，我们甚至无法站起来。因为谁能下令指出此处哪个是动作发起者，并且每一个行动本身岂不就已经包含了反作用吗（为了反击而运作的）？

一开始就有抗拒

与其认为按照力量之间的作用而框定的规则，就是"要求（审理）"（instance）肯定一开始就会产生"抵抗"（résistance）的规则，因而画出了力量作用的范围[1]。我宁可提问：抵抗难道不是要求（审理（instance））的必要条件（此刻给予"instance"当中的"in"强的涵义），为了所要求的事物得以挺立于其上（se tenir sur）、可应用于（s'appliquer à）并且自我实现（s'*in*-stancier）？ 这情形当中隐含了某

---

① 请参考 Françoise Proust，《论抵抗》（*De la résistance*），Paris, Cerf, 1997.

种程度的抵抗以克服环境，不论那是出于自我执行还是自我强迫，如同人通常为了存在（*ex-ister*①）而做的。一个句子只有当它随着不安而抗拒格式上的萎缩（不论是惯用字词的拖泥带水还是心思的迟缓，这萎缩会持续地淹没句子），自我发明而更新的时候，这句子才会涌现（surgit），才会写成（s'écrit）。

● 普罗丁：在每一个正面性之中浮现出一个不安

然而普罗丁为了不给这份不安留任何余地，早就在他对存在的分析里极其精准地指出，不安是来自反面并且原则上给生成变化提供服务的。同样的，为了不必事先强调一个完全正面性是不可忍受的，作为反面性的果子——不安（*in*-quiétude）——就被召唤来制造裂痕。因为一切实际上乃起于不安（从不安这个字所含的强烈的、最根本的意义），就是说，根据主词与受词混为一体的所有格，"不安"是"满盈的不满足状态"（l'insatisfaction de la plénitude），这是由于"满"沉入自身的麻木不仁里，不是因为满得太过分，而只因为饱满。或者更进一步地细察普罗丁的分析，不安是那种无法在整体之内（那种叫人安息的、使人萎缩的）安宁局势当中持续下去的状态，于是通过揭发存在性的不足（l'insuffisance existentielle）而启动一个解放的过程，以脱离存在的常轨。

● （可变坏的）时间为何需要从"永恒"抽取出来？

但是普罗丁并不是针对神意去分析反面性，因神义论这类型的

① 作者强调，"*ex-ister*"当中的"*ex-*"表示"走出、脱离、挺于……之外"。人只有感觉自己跳脱了环境的限制而挺于身处情境之外，才真的"存在"（*ex-ister*）。（译者注）

论证恐怕太偏向于捍卫上帝；普罗丁针对时间，或者更准确地说，针对时间的来临而作出上述的分析。由于普罗丁继承形而上学的阶级关系，即（绝对的）永恒及其复制品（生成变化的宇宙）的阶级关系，他就将反面性的涌现看作是一种消耗而不是推动，于是提出了这个问题：时间是从永恒之外的哪一种堕落涌现的？因为普罗丁无法想象反面性是在一个起初就是正面性的整体当中运作的，他只能把反面性想成正面性的抗议者；并且正反两者的碰撞在时间里找不到立足点（亦即无法成立），该碰撞便如谜题一般地涌现。普罗丁既然无法再执守智慧的贯通道理，因此有理由地只能应用"堕落"（la Chute）的突发事件之场景来呈现正反的分界线；他随后为了阐明该断裂而不得不回到神话故事，即使他是以非常含蓄的方式进行的（他本人倒是拒绝柏拉图的创世观）。或者说，假如不是用撬开有关过程的叙述演义，人们如何在"存有"与"善"之间那稳定不变的、自足的并且完全密闭的关系里作出突破呢？普罗丁在他的时间论当中倒是注意到有一个不再是恶而是反面性的东西出现了。即使他只承认这一点，他的分析确实具有关键性。

● *最低限的神话*

普罗丁邀请我们上溯到我们给予"永恒—原始"（l'éternel-originel）的布置之源头，那是绝对正面性的，是一种不变的生命，既是一次性地给予也是无穷尽的，绝对不会倾向任何一边；它既在"太一"（l'Un）里休息也转向"太一"。当生物于其内休憩的时候，时间如何从它们中"堕落"呢？人们既然无法向缪斯们探询，就向时间本身叩问，邀请时间自我反思。它会回答：在生出前者并且将它与后者连在一起之前，时间在存有里休息，此刻它还不是时间，它保持静止状态。

> 然而[一种/那种]悸动的性质（nature），想要自制而自起，选择探求现在之外，动起来了，它自己也动起来了：随后往永恒前进，后来的并且非同的，差异再差异，完成了一段路程，它们便发现制造了时间，那是永恒的一个形象。①

● 呼吁： 不附着于满满存有的自我满足（或者说，呼吁必要的反面性）

随之而来的是分裂、分散、变质。然而，假若我们将普罗丁所作的这个叙事与圣经创世记的叙事并列，我们就看到普罗丁在理性操作上省了多少力：不再有一个外来的介入（蛇），而是尽可能地以自我开展的方式发展。堕落不再是突发事件性的（把演出者搬上舞台，譬如"吃苹果"）。此外，反面性被归为一种"性质"（une nature），不再属于任何个别体：那是一种"好动的"性质，或者根据希腊字的双向性，即搞诡计的（积极敢干的）（polupragmôn）；反面性因此不满足于它所陷入的满盈当中，因它于其中会被缩减为惯性而失去活力，它倒是渴望脱离该景况。此刻没有需要除掉的僭越性之恶，但是有具体的不安（in-quiétude），那种在完全正面性的紧密当中变得叫人无法忍受的安息所引起的不安，从此展开了在存有里挖深差异并将其向探险敞开的过程。

反面性逻辑将召唤构想矛盾

与此同时，普罗丁的论述也使柏拉图（想要躲开叙事的表面性）

---

① 普罗丁，《九章集》，卷三，7(11)。

的叙事公开地显出矛盾：非时间的"时间"此刻一起制造时间。这一次不再是正反对立的关系，而确实有具体的矛盾出现在言说秩序当中，因为这个说词同时道出"界定和排除"（la détermination et l'exclus）："时间"如何可能同时是"时间"而又不是"时间"，同时是一个制造活动的主体和承受活动的客体呢？普罗丁似乎瞥见了一个现象，就是为了建构这种不附着于自己的能力（亦即"反面性"），必须拿掉"定义和排除是不相容"的看法，而在定义那种独立而永不改变的表面之下，去发现一种面对定义自己而产生不满足的逻辑，该逻辑就在自身里面拓展本身的反面性。

七

在哲学史之下： 神意"地理学"

● *源—哲学*

神义论所展开的神意思维，在哲学史上启发了一种"长期"时间观（temps long）。在哲学热情探索的不停更新之下（哲学总爱呼吁：从事哲学，这是"以不同的方式思考"penser autrement），这一整套稍微建构的神义论论证就延续着，重复使用老生常谈，因而没提出任何建树，只在负责使世界现状合理化。哲学继续背靠着那些论证以进行探索。我们看到哲学每遇见汹涌激浪就匆忙破浪而出，冲破动荡不安的大海。那块垫在幽暗船舱底的压舱物是什么呢（当船在汹涌浪涛中摇荡而冒着危险的时候，是它拉住船而使船不会翻转）？在历史沿革之中，哲学难道没遇见它自身的缓慢和陷入困境吗？或者说，我上文用"背靠"（adossement）、（源—哲学性的）"最深的底部"（arrière-fond）等语汇，这是因为哲学从神意的论证库存里取得凭靠，但是背向它，哲学不再拥抱神意（providence）论这个不可建造者。在神意论证库存里，由各种不同的观点而编织成的那种对生活的顺从，将恶这个谜题逆转成具有服务神意的功能性，却没因此构想——至少没公开地认为——善可能显露缺乏，并且此缺乏使善不得不脱离己身而与自己对立，因而要求一种具有强烈地位的矛盾性。这个由众多观点所织成的顺从生活倒也为欧洲思想提供了基底。换另一种说法，在欧洲思想发展过程当中，顺从生活凸显出何处是该思想的枯水位，因此反差地衬托出该思想在理论上的探险行动以及在科学上的丰功伟业的顶峰。在人们冒险去做的事情与人们不"碰触"的事情之间，在人们质疑的事情与人们避免质疑的事情之间（所有的思考，连最大胆的思考，都需要有据以思考的凭靠，这好比一些压在船舱底的普通事物——那是一大堆贱价的东西，如沙包或碎石包——但是很有重量而能使船平衡），哲人们用智慧对该思考凭据作出贡献，总能谨慎协商而得出某种平衡以形成机制。不过，从一种哲思到下一种哲思，为了自身需要归属和稳定，人们固执地转载着上述的那些平庸东西。以至于把哲学做成了哲学史也没有用，因为哲学仍然通过那个神意论证库存而连接在一种历史性微弱的机制上，甚至被它们转向一种完全非历史性（anhistoricité）①。人们不断地撰写哲学史，哲学因此自我发明，但是人们无法想象一部智慧史（也几乎不再能想象一部神义论历史）。

• **我们能躲开哲学所凭靠的老生常谈吗？**

因此要问的是，在哲学里"拖拉"（traîne）的事物有何种地位：那些在长时期里横向向纵向地伸展、没完没了的而且叫人打哈欠的东西，当各种理论往前进展而激起我们的热情，它们却总是留在后头；留在

---

① 神义论证库存里的东西，由于零乱累积而成，因此不具历史性。这就是为何作者接着说人们可以不断地撰写他们想象的哲学史，造成哲学不停地自我发明。（译者注）

后面，或者说散在各处，毫无秩序，没被重新安置，既不凸显也没归位。它们是人们共享的资源（fonds commun）①，但是能共享到什么程度？与此同时，这值得我们探问，这样的论证是否只限于欧洲思想呢？就是说，神义论在历史上扩展，为了证明恶存在的合理性并且为了捍卫神，这个论证难道不会穿越各种文化而建构"持久的智慧"（philosophia perennis）吗？（虽然每一个深爱自由并且探索原创性的心灵，即使依赖智慧，却厌恶那持久的智慧而要逃脱它。）我们有一天在别的地方可以用不同的方式处理神义论吗？也就是说，我们不能发明其他更好的说法，而只能论断说，短期或长期的不幸是人得负责的（人所批准的）吗？或者只能论断说，在神所绘制的图画上，阴影是为了凸显出色彩吗？

在印度

让我们从希腊拓展到印度。印度也有它的神义论："形而上的幻觉"（*avidya*，*maya*，illusion métaphysique）以及因果报应的"业"（*karman*，l'acte auto-rétributif）。前者否认现实世界的每一个绝对事实，而后者则让每一个独特主体独自为他自己的行为"后果"担负责任，也就是说，行为（业）在今世或来世带来的幸福或者不幸后果，也能证明"神主"（disculper le Seigneur）不为个人的罪和过错负责。伊湿伐罗（Ishvara）——即自由自在的菩萨——无罪了。

● 为伊湿伐罗作的辩护

在印度，人们的确一方面在宇宙中观察到的目的性是推动有秩

---

① 根据作者的解释，此处的"fonds commun"指的是可分享的"资源"（ressource），"fonds"这个法文字同时有"资源"与"基底"的涵义。（译者注）

序的思考能力的动因;君王是完美的艺术家,因此不会在其外留下任何具有目的性的种类。另一方面,神圣的因果律非但是艺术性的(按照自由的创造活动),它还具有道德性。人们都知道,一个作品要具有使整体性的和谐突出的成分:变化、反差效果、价值的对立。然而,当这个审美概念的成分是会思考会感觉的人的时候,为了衬出构图之美而必须有价值不等的众多成分,这点在道德层次上是否变得不可接受呢?人的资质的不平等难道不显得"偏颇与残忍"吗(de partialité et de cruauté)?在吠檀多商羯罗(Vedanta, Shankara)的传统里,以神主的超越放下与其无穷的慈惠为名义①:该传统告诉我们,如果从具体的整体性来看恶的话,那么伊湿伐罗"允许"它;假如恶是从个别性来看而被视为要有被惩罚的个人犯错,该神"会记这笔账",会算这笔账而下命令惩罚个人。因此创造当中的不平等是根据"活物的善业与恶业"而定的,所以这个外来的恶不具有武断的意愿;因此我们就不可以指责神主,其公义是完美无缺的。

● 伊斯兰教: 伊斯兰的神义论

与真正绝对的上梵(le Brahman supra-personnel)相较之下(上梵乃众相无穷的实性,超越所有的二元对立),这位神主本身的确只具有一个相对的事实:在另一岸上,即伊斯兰信仰,既然按照独一神信仰的终点目的,创造乃与神以及使神独特化的神意之全能所产生

---

① 这方面主要的经典肯定是 *Brahmasûtra*, II, 1(32—36),请参阅提博(G. Thibault)的英文翻译 *The Vedanta Sutras*, Sacred Books of the East, vol. 34,再版,德里,1962,页356—361;奥利维·拉功伯(Olivier Lacombe)的论著, *L'Absolu selon le Vedanta*,巴黎, Paul Geuthner, 1937,Shankara 注解(页 246—269),Râmânuja 注解(页 300—312)。有关这个议题,我在此对米雪尔·乎兰(Michel Hulin)深表谢意。

的直接功效有关，该问题应该会被激烈地讨论（在摩尼教徒、Zabrites、Mu'tazilites 等等之间）：上帝要所有的可能，因此，他自己是否是善与恶的创造者，或者上帝只是超越善恶的旁观者并且是最高的审判官？甚至，如果一切端赖上帝的预知能力及其命令，上帝难道不是那位事先决定甚至对自己制造了不虔诚的吗？安萨里（Ghazali，1058—1111）[1]给出的回答是，既然上帝在创造物的正面上不能不公义，恶与善相连，并且在所有的可能当中，包含恶的善肯定是最好的；他如是回答，因此把我们带回到欧洲神义论的脚踪上（或更准确地说，该回答乃从希腊人身上吸取而得的，会不会因此回到欧洲呢）。结果是，在这种依靠神圣平台的视野之下，就不可能脱离那些用"缩减—吸纳"（réduction-résorption）的智慧方式所作出的论证：亦即，因为没有不含善的恶，所以假若拿掉恶，该恶所含有的善也会消失，从此导出一种比原始之恶还大的恶（un mal plus grand que le mal originel）[2]。

● 相同的论证片段，同样的教条工具

因此，伊斯兰教并不会让我们感到离开了自己的家园，它具有类似的论证说法和例子。面对这种重复说法而感到的无聊，我们难道不能在上帝的庇护之下想象别的事物，以顺从生活并且使命运合理

---

[1] 波斯裔伊斯兰神学家。（译者注）

[2] 请参阅路易·贾尔迪（Louis Gardet）的《上帝与人的命运》（*Dieu et la destinée de l'homme*，1967），希克·布安汉（Chikh Bouamrane）的《伊斯兰思想当中人的自由问题》（*Le Problème de la liberté humaine dans la pensée musulmane*，1978），丹尼尔·季马黑（Daniel Gimaret）的《人类行为理论与伊斯兰神学》（*Théories de l'acte humain et Théologie musulmane*，1980），巴黎，Vrin，伊斯兰研究（Etudes musulmanes），vol. 9, 20, 24。关于此点，我在此对约瑟夫·赛迪克（Youssef Sedik）提供资讯深表谢意。

吗？伊本·西拿学派的伊斯兰教（l'Islam avicennien）①继承了普罗丁的神意观，主张恶只是善的缺乏（privatif），甚至主张因为恶引进了与善的反差，所以对理解善是重要的。既然恶是有利的，该论点呼吁人们跨越屏障而将视野推得更远：理性岂不承认旅途的疲劳是为了学习或获利吗？打预防针或流血的疼痛是为了治疗而康复吗？回到这种没什么意思而不可反驳的说法：阿德·阿尔-贾巴尔（Abd al-Jabbâr）②退而求其次，采取这种"非理论的—不具发明性的"（non-théorique-non-inventif）立场，他所提出的附加论证没作出什么建设。他提出同样的主张：从整体上来看，恶是合理的：雨对植物生长一般上是有益处的，虽然雨有时候会带来特别的干扰；他同样地把恶看作是一条建设性的渠道：当人把不完美的物体及其所组成的形式之完美相比之下，他就更赞美神；他同样地认为恶是使人获益的考验：神使我们受苦，他有我们不总是察觉得到的道理，而我们所受的暂时之苦是应许我们获得一个更大的幸福。或者受苦之人值得受那个苦，或者苦痛使受苦之人在此世或彼世得到神所允许的补偿，或至少有神担保的补偿。苦痛因被联结于算计的或应许的"应该如是"（du devoir-être）而变得合理。（在最后的审判之际），要交账的时候，手上

① 伊本·西拿（Avicenne, 980—1037），生于布哈斯附近的 Afshana（现今的乌兹别克斯坦境内），中世纪波斯哲学家、医学家、自然科学家、文学家。曾任宫廷御医，三十多岁时因政治原因逃至伊朗。所著的《医典》是 17 世纪以前亚洲与欧洲的主要医学教科书和参考书。在哲学方面，他是阿拉伯与波斯亚里士多德学派的主要代表之一，持二元对立论，并且创造了自己的学说：他肯定物质世界是永恒的而不可创造的，同时也承认真主是永恒的。他主张灵魂不灭也不轮回，反对死者复活之说。（译者注）
② 阿德·阿尔-贾巴尔（Abd al-Jabbâr, 935—1025），生活在当今伊拉克首都巴格达的回教神学家，后来被邀请到当今伊朗首都德黑兰附近的雷伊（Rey）任法律顾问。（译者注）

捧着账单,权衡"义务"(du doit)和"权利"(de l'avoir),天平秤子,报偿:自希腊人及其古老神话以降,这些末世论的场景耐心地再现;从一种独一神论到下一种独一神论,这种交账场景更加丰富,具有变化,还加上插图,该景能在根本上改变吗?

• "西方"在"显而易见的道理"(truisme)与信仰(la Foi)之间,哲学有什么可操作的余地?

我把上述的那些条目前后相连如其所示地列举出来,但是我们再次感觉到有什么东西反抗着:一方面,其中有论证片段,不可反驳的但也无法展开的(譬如,雨一般上是有益处的,但在个别特定的情况下也会是有害的,等等);相反的另一方面,一种教条式的超级架构(譬如,有关生物死后的报偿所建构的极其严谨的系统,从印度教扩散到伊斯兰教)。一方面,那些被拉回到经验层次的事物,而另一方面,那些被信仰捆绑的事物。就是说,一方面是太喃喃自语而让我们无法同意,另一方面是强迫我们同意并且加以利用。在这两者之间,哲学做了什么? 在神义论的沿革历史当中,哲学岂不只在扮演那两种对立论点的协商角色吗? 就是寻求使前者顺应后者,使那个让理智失望的顺应那个挑战理智的,因而管理它们的报偿。如果说"西方"还具有某种意义的话,也许就是上述的那种意义:在显而易见的道理与上帝的应许之间,在我们"知道得很清楚"的(太清楚了以至于陷溺在惯用当中而无法做出一种知识)与我们毫不知道的(或更准确地说,我们只知道那是知识所反驳的)之间,哲学岂不是不停地想要覆盖该鸿沟而在它们之间抛出多种"理论的"通道吗? 哲学便是在这些理论通道上面处理其自身的"起飞"(décollage)模式,既是脱离它对那两者的依赖又是做出发明性的起飞。

● *中国的间距：中国把上帝边缘化（不同于西方所批判的上帝）*

为了改变这个西方背景，能去哪儿呢？过去的工作都在合理化（使恶—苦痛—死亡变成合理的），但是以可进行合理化的条件而言，首先必须预设控告或至少预设怀疑，提出质疑，提出问题，以便使"合理化"具有某个意义，不是吗？我们观察到，如果说中国在众多文明当中作出了间距，这是因为"一位造物主—报酬者的神"这种思想在中国很早就萎缩了；在中国，把恶整合到一个整体贯通道理里面几乎不曾是问题。有关中国没有神义论的问题，我将从字面上来回答：中文没有"神"—"公义"（théo-dicée，就是"神义"），也没有随之而来的神意（la providence）思想，因为中国没有［欧洲人定义的］"神"（Dieu，*théos*）也没有［法律含义的］"公平正义"（justice，*diké*）。即使中国人具有世界来临的生成观念，他们没有发展出造物主的想法，或甚至也没有想象一个安排秩序的审级主体，宇宙会由它构思而成，因此会对其创造物负责，并且最终会作出报偿。这一整套的可能性，欧洲哲学不停地"以之"并且"与之"进行哲思工作，它在中国却早就被删除掉。同时，中国与欧洲文明之间的这个间距当然不能自以为出于任何源头（来自某种天性，如"心"、"心态"等等），该间距纯粹是历史演变而形成的。因为古代中国跟其他国家的文明一样，也崇拜大自然的事物：河川、山、风、四方；上帝的形象于公元前 2000 年在中国广传，人们畏惧这位帝王，向他祈祷，向他献祭。但是上帝这个形象在公元前1000 年之初在"礼"的作用之下（仪式主义，注重程序胜于重视祈祷，同时也改朝换代，周取代了商），渐渐地被调节之道取代了，该调节道理首先就有日夜及四季更迭，宇宙因而更新无穷。"天"代表这种无穷更新，"地"回应天而在地上建立了众多与大地相关的神明

(divinités chtonniennes)，地因此与天配对。自此之后，中国哲人首先要澄清阐明的是，阴阳相交互动所衍生的贯通道理。

以尊君姿态主宰宇宙的上帝观此后变成次要的，该观念甚至没被批判（相对于欧洲，在这点上，中国特别作出了间距），但是很快就被边缘化了，变得没什么用途并且渐渐地被搁置一旁。在中国，无神论或神已死的宣告，不会比冒险地相信有神还多，中国因此排除了欧洲所发生的理性与信仰之间的大争执，这个争执从古代开始并且穿越了整个古典欧洲。如果说古代中国还有人以比较私密的语气召唤"天"的话[1]，或者说人们可以顺时机而谈论一位"真主"（vrai maître)[2]的话，他们不会把上帝视为个人之神，甚至也不会把上帝看作一位"大将军"（un grand général, *megas hegemôn*）或是某个"第一动因"（un Premier moteur-premier principe）。从宗教过渡到政治社会层面，这个层面逐渐脱离宗教性：在古代中国的宫廷里（然而在中国，政权只被想成君主专制的模式），我们看不到公平正义（la justice, *diké*）作为最高审级作用甚至扮演监护法律和正义的角色（Thémis)，超越一切的角力关系，通过控告—辩护的程序以作出公平的判决。这就是法庭的来源，希腊城邦的法庭随后象征性地形成理性推理法庭，于其前，神与人一起出庭。

● 没有伟大故事，因而没有缺乏、分裂、失去

"神—公义"（Théo-dicée）这个观念此刻松解了，或者更准确地说，任何一边都不再有实质。为了分析该观念当中的逻辑，把该逻辑

---

① 譬如《论语》十四(37)，三(13)。
② 《庄子》"齐物论"，郭庆藩版，页56。

提到它于其中延展的共同意见之上（它倒是铺满了我们的思维根底），我们只要察看中国没有神义论的观念，不可能有这个观念，我们甚至还看到中国没完没了的"没有"（sans）：中国基本上没有创世神话也没有目的论（ni *muthos* ni *telos*）；中国没有"堕落"故事，没有开展创世思想。根据几个分散的典故，中国只有一个古代君主为君权奋斗，用头撞不周山；天柱因此断裂了，地桩断了；天在西北方翻倒，星宿都被送到那儿；地在东南方凹陷，河川都流往此处。然而，这些故事片段只限于交代倾向东海的中国地形，故事作为警告君主的劝言，不会引起更多没必要的担心①。同样的，中国确实有洪水之说，黄河泛滥，所以必须疏导河水。但是，这个洪水并没有以人犯罪作为起因，它只需要人们耐心地疏导河水以便使土地可以居住②。此外，中国古代思想家提到在人欲过多之下会"失去"（perte）大自然的慈惠；或是在百家之间竞争激烈的暴力之下③，会导致政治界"失调"（dérégulation）；或是在众说纷纭和看法分歧之下④，会导致"道"这个和谐根底被"蒙蔽"（occultation）。不过，在中国没发生任何断裂而让恶涌现。中国没想过戏剧化的神话，因此不需要保存具有合理化角色的逻各斯，这逻各斯脱离恶以便反对戏剧化的神话但又与神话保持平衡关系。同样的，如果我们衡量中国对思考原因（动因）持有保留态度的话（除了公元前 4 到 3 世纪的墨家，但是墨家思想很快就被掩埋了），中国人认为万象之间的联系乃出于感应，我们就不会对中

① 请参阅我的论著《鲁迅：写作与革命》（*Lu Xun. Ecriture et révolution*），巴黎，Presses de l'Ecole normale supérieure，1979，页 45。
② 《孟子》，卷三，B，9。
③ 同上，卷四，A，8。
④ 《庄子》"齐物论"，郭庆藩版，页 74。

国没有发展目的论的观念而感到惊讶。中国人与其安置一个超越万物生成变化的最终目的以便指导各种作用的环环相扣,他们倒不如思考"利"(情势成熟以收获的利),除了个人的私利之外(从策略家到贤人),也可以是全世界的公利。

● 欧洲: 呼吁意义（Sens）以便填满裂缝

古代中国所发展的智慧并不是要彰显什么也不在于征服什么。我们甚少察出该智慧有事先要反对的项目,或有什么怀疑和瑕疵要反驳的,即使只是言下之意而已(怀疑和瑕疵倒是不停地滋养哲学)。它非但不需要因为面对那个预设世界盲目的必要性或偶然性而为神意辩护,它甚至不需要回应人被遗弃而流落于恶的这样的不公平,也不需要为深陷苦痛之绝望而企求救恩的生存作出回答。它与其殷切推动一种意义(sens),倒不如要澄清一种贯通道理(cohérence)。

> 易经:一种布置的贯通道理;经由情势而转化的道理;只需要侦察出在作用当中的局势。

中国人用简图方式开启宇宙,画出第一条横向连续直线"—",这是位于每一种形状及书写的弯曲和改变的上游。他们随后画出一条与该线条平行的中间断裂的线条"– –":中间的空隙并非缺乏,也不隐含任何堕落,但是足以涌现一极(或者说,这个中空不会叫人担忧,它是呼吸性的,因而是生命活力之源)。这条线与上一条线完全对立,但又以其中空回应上一条线;这条中断的线单纯地作为上一条连续线的反面(阴/阳、柔/刚、地/天,等等),它们二者互相关联,作为每一种过程性的标识。它们两者就足以构成一种系统并且能完全地运作或"行"(marcher，犹如人们最常说的："行"ça va，ça marche。请参看有关"道"的主题)。《易经》这部古老的经典在阴阳爻卦之后所展开的其他所有的卦(该经典是中国传统的奠基典籍，产生于古代卜卦程序，不含故事也没有启示，只用阴阳两仪衍生出其他的卦象：从八卦到六十四卦)：这些卦开展功能性的张力(势)，纯粹内在性的并具有趋势的，发展成无穷的具体个别性，譬如事物、时刻和情势。于是，这样的图像必得视如生成变化当中的剪裁，让人看到从阴阳两仪如何衍生出互动的万物，万物相邀呼应而自行变化。这种转化不是瞬间即逝的痛苦符象，它只指出眼前的众多力量之间的游戏"经由何处"(par où)自行更新，因此是"生命活力"(vitalité)的保证。

- **生命活力—信实；面对生成变化保持警戒之心，但是不担忧**
  古老的《易经》与其担忧本源，与其想象创世记的伟大开幕动作，或与其让众神明相交相生，倒不如使阴阳两仪交迭而把世界开展成一种布置。被视为孔子所作的《周易大传》开端言辞就论及这个最初的安置(但是没叙述任何起始)，并没让人听见阴阳之中含有任何意义，也没有要对邪恶或对可能生出邪恶的偶然性所提出的质疑作出任何反驳：

> 天上地下
>
> 天乾地坤
>
> 从下至上
>
> 大德小德①

① 《周易·系辞》开篇。请参考我的论著《内在性形象：易经的哲学解读》，巴黎：Grasset，1993，第六章。

● *天地： 道德上的上下位阶是在大自然之内的*

此处，孔子并没预设任何故事，他描绘眼前看到的景象，凸显出其中的贯通道理：有天有地，有在上的有在下的。没必要建造而让自己的思考冒险，只要往上看往下看。他避免发明什么，更避免具有想象力；没有神话，他乐于展开显而易见的现象。他从这个最平凡而最没塑造性的观察里萃取出所有必要成分以制造一个宇宙观：相对而互补的阴阳两仪，一为乾一为坤，两者互相依靠（必得有收纳的坤，主动的乾才能开展），现实因而不断更新：日夜、冬夏。它没安置"神"，亦即绝对存有，第一动因，伟大建筑师，独一主体作用。这位神，从古代印度到古典西方，人们致力要证明他的存在，并要证明他是理性思考上的第一因。然而，乾坤的布置，有在上的，有在下的，因此排列出一个价值轴：在价值论上，这份最初的关系是有取向的，同时，上和下彼此互证为合理的。这种相关联的布置便引进了道德性问题：在上，阳必须拓展，正如在下，阴必须凝聚；君在上而民在下；在上理智而在下情欲，等等。两者都不能缺乏，两者都同等重要。即使两者有上下之分，下者正如上者，二者共同为生成变化作出贡献。

八
宇宙的调节：意义或贯通道理

我们希望中国人没按照人神面对面的思维来安置他们的观念，希望他们没把神作为创世者，神随后要对人堕落而可能犯错负责，并对人的邪恶和痛苦负责。我们甚至还希望中国人没有从自然界中或政治上的人与人互动关系当中使某种公义理想抽象化，该公义理想要求"权利"(droits)以建立共同体(社群)(communauté)，不论是人的共同体，还是人与神或人与灵的共同体。中国古代贤人①不会为了顺从生活而努力不懈地论证以捍卫上帝。我们想象那些贤人坐在草席上，甚少发言，从他们的呼吸当中去感觉"天"不断更新，日夜更替，按四季之回转而使植物成长或退化②；贤人只向绝不穷尽的"自然"之内在性敞开，不会多作评论（"天何言哉"）。天道是否能让贤人免除一切不安呢？"天何言哉，四时行焉，百物生焉，天何言哉。"中国贤人所凸显的不是"不义"形象（譬如基督教圣经旧约里的约伯），他们甚

---

① 按照前面作者对"圣贤"所作的分辨，译作"贤人"比较合乎作者意思。（译者注）
② 《论语》"阳货"，19："天何言哉，四时行焉，百物生焉，天何言哉。"

至没有听他们发怨言的对象（譬如，像约伯（Job）对神发怨言），即使如此，他们难道不能在整体上贯通而持续不断的"生活"当中指出某种存在性的裂缝吗？我们当然希望他们的思维不是往宗教上主张人类堕落而被神遗弃的方向发展，但是，即使他们很少如此做，他们未曾在那使上下、天地无穷相感的人世里（"其犹橐龠"①），呼求从世界抽身出来而涌现成"我"——主体（Moi-sujet）的地位吗（甚至深愿那是免除了个人义务的例外地位）？

● *思想能从何处出发？*

或者说，人开始载"向"（porter sur）、转"向"（se tourner vers）以使"可思的"（pensable）具有轮廓并且使其在人文里找到位置，人在他的思维方式里能作出什么间距？还有，从相当晚才出现的哲学观点，我们能在回顾之中回溯到最早发生的分叉，侦查出思维的初始姿态，因而重新打开可能性吗？

存有（认识论）、他者（爱）、过程思维（调节）三者的分叉；过程性的"能力"（德）及其衍生的"道"

我们不从折叠"事实"（plier du réel）着手，那是按照"存有的"（ce qui est）或"不存有的"（ce qui n'est pas）这种一开始就问"真正存有的"（ce qui est véritablement, *ontôs on*）问题——所谓"真正存有的"问题乃指"本质上、形式上、理念上的"问题——，因而反作用地衍生出谜般的中间事物，这些事物的暧昧性使希腊人着迷而冲往哲学；他们质问：能对假象（simulacre）、形象（image）和表象（apparence）做什么？或者，能对意见、生成变化或可感的事物做什么？这些都是"人

---

① 《老子》，5。

文"（humain）被赋予的层次（这些层次却都是哲学家想要避免的）。我们也不再把意识关在它自身里，意识从神与创造物的血缘出发而以另一个他者显现：在圣经传统里，宗教内在性就被用来深化这种情绪矛盾的人身关系，既为了忘我也为了复得自我，以至于在"畏惧"和"颤抖"当中发现爱之无穷性——唯有爱使人存在——。不过，我们可顺着我们眼下无穷开展的世界进程当中的"能力"（中文的"德"）来探讨世界，该能力源源不绝，不会中止，因此自行"悠久"（en durée）发展（没有悲剧时刻也没有梦想的永恒）：这种能力在世界各处散播而"成物"（*il y a* monde），"不见而章"，"不动而变"，"无为而成"①……悠久无疆而成物，相感互动则成物。天"覆"地"载"，天地之"德"如此者，"万物"随其道而生成变化，贤人默默地配合②。

以 "礼" 顺天命

然而，"天地之道""博厚""悠久"，人们只有遵行礼仪才能应天命，遵行礼仪是说个人的行为举止遵守礼的调节；只有当"主体"没脱离礼仪而后撤成"己"的时候，人才能应天命。

● *脱离礼仪规则，由此出现了抱怨*

然而，与先秦百家齐放的同时，旧政权崩溃而诸国之间的斗争激烈，以至于中国和其他地方一样，就是古代末期，人的归属性瓦解了，但是伦理主体（substance éthique）在中国是依附于那套规范程序和行为举止的"礼仪"，而不是依附于公民权。那时候个人独特观点独立出来，在精神里有某种裂开操作起来了，于是出现了质疑，抱怨随

---

① 《中庸》，26。
② 《论语》"述而"，2。

之而来。一种"声音"涌现,一个"我"分裂了,清理出他自己的现象得以流动的条件,并揭露该条件:

> 一受其成形,不忘以待尽。与物相刃相靡,其行尽如驰,而莫之能止,不亦悲乎!终身役役而不见其成功,苶然疲役而不知其所归,可不哀邪!人谓之不死,奚益!其形化,其心与之然,可不谓大哀乎?人之生也,固若是芒乎?其我独芒,而人亦有不芒者乎?①

● *抱怨的共通性,人文从此出现人的意识*

的确,我们在上面的引文中突然"直接"(如同人们说"现场直播",en direct)听到一位中国古代思想家(庄子)的话语,那甚至是顿然召唤,毫无因文化差异或时代差异而在音量上减少或言词模糊。此处,不再需要诠释,不再需要交代任何背景,该话语赤裸裸地涌现,好像从大写的历史中脱离出来,甚至从语言中脱离出来,它是跨语言、跨历史的。是抱怨使它变得如此靠近吗?我修正,不是靠近,而是"共通",甚至是众声赞同的(但没有预设"永恒的人"或"自然人")。(在逻辑思考上)那仅仅是,通过说出怨言,意识就涌现(并非如智慧格言经常重复的:意识"使痛苦增加",scientia auget et dolorem,而是逆转过来说,是抱怨发展了意识)。制造幸福的方式可以无止境地变换(中国人甚至不也抽象地想象过"幸福"吗),然而一个主体最初必须通过抱怨(此处不是痛苦论也不再是"仁"的问题)才能抽身离开事物进展的过程,才能不附着于大自然的静默,才能宣告他拒绝埋藏苦衷并

① 《庄子》"齐物论"。

且他要建构自己。或者，不只是活着，还有一种意识到自己存在的人之为人、人自立起来、呼吁他的自主性并且用这个要求来自我定义。

● 为何在中国"抱怨"囊括于"政治"当中（因而阻碍了"自由"之道）

我们都知道中国不是由法律而是由政权主导的。而且从古代起，抱怨被没收而主题化为忠臣所发的怨言（譬如屈原），抱怨恶人在君主面前设计诬告忠臣的正直廉洁。在中国专制政体之下，忠臣的怨言自此之后就越来越谨慎含蓄地表达了一种对政体（要求臣民顺从的政治机制）由衷的忠心但却无法被理解的不幸感受；那是无法在这种（角力关系）机制的运作过程当中引进断裂，亦即无法立起一个处于世界之外的"绝对"，并且以该绝对为名义揭发人的角力关系，以便辟出一条要求自由的道路。我们也知道中国用道德来补偿政治奴役，甚至把道德作为应天命的最佳途径。孟子说过，如果我爱他人，但他人并不爱我，那么我应该反省己身，审察自己是否为仁①。与其抱怨别人做在我身上的恶，我倒不如诉求：当我们"不得"（n'obtient pas）——这是世界进展可能带来的结果，就应该"反求诸己"。孟子的确必须证明为善者将于此世获得报偿。"王，请为德"，其他人民就"主动向您开启门户"，您肯定得天下②。中国文化不同于其他的文化，如希腊、印度、伊斯兰、欧洲，古代中国遗弃了宗教性的上帝，也没有把灵魂看作是与身体分开的，因此不认为灵魂不死；古代中国没在理论层面上建造乐园，因此不能依靠死后的报偿，而此点却是自柏拉

---

① 《孟子》"离娄下"，28；请参考我的《为道德奠基》，巴黎：格拉瑟出版，1995，页182。

② 《孟子》的原文是"行有不得者皆反求诸己，其身正而天下归之"（"离娄上"）。（译者注）

图以降所有的神义论的最终论证。

（缺乏最后的审判）孟子陷入困境

中国人主张，只要反求诸己，我就发现自己对那位恶待我的人表现仁而有礼。孟子坚持说："再次反省己身。"对你自己说你还没完全发挥你的善意……孟子固执地迟迟不愿抵触后面这个"不可忍"：那就是虽然我"完全发挥我的善意"，但是对方仍"横逆以待"？

● 异质性：中国的例子乃是典型的智慧之贯通道理

如果说绕道中国可在理论上把握一个契机，那么这个契机首先是由于后面这个事实：不同于印度或伊斯兰哲人（他们因为语言或历史的原因而与欧洲互相来往），中国古代哲人在中文这个与印欧语系完全没关系的语言当中表述，与我们（"我们"，指渐渐全球化的"西方的"我们）毫无牵连，连间接的影响都没有。就此而言，那些减少邪恶—吸纳疾病的论证对中国哲人而言根本就不是典范的，他们处于欧洲之外，他们只有经验之谈。他们的努力就突出了一个思想共同体，让人更能看到其中的逻辑向度。与此同时，救恩与智慧之间的分界线，通过多重视野的交叠和核对组合的力量，更清楚地确认：（在佛教传入之前的）古代中国消减救恩而发展智慧。孟子在面对我们所谓的不义的时候，他很谨慎地不多置一词，把这个无法证明的搁在一旁，而只更深入地发展"天"的思想，以便取得一种内在于宇宙进程的超越性，这个超越性能让个人接纳他的挫败①。

文人的老生常谈

孟子之后，宋代文人从"事理"和"本"的观点而拒绝将善恶对立

---

① 《孟子》"梁惠王下"，16；请参考我的《为道德奠基》，页 194—195。

起来（这就是为什么摩尼教来到中国的门槛，却被禁止进入），坚持人的本性乃善，而恶随后起于自然并且按照性情特质而把善延伸成为个人脾性。他们与其正面地论证（论证之际总得反驳对方），倒不如整体性地用一个意象开展，那是自孟子以降持续贯穿的意象，从内在把不同层次和不同面向串连起来，为了使整体的贯通道理更紧密，甚至于也造成了一套老生常谈，在宋代就变成了像我们西方的神义论一般。譬如，人性本善，就如水本清；然而如水流过程当中可能变浊，每一个人的人性可能多多少少变坏，而需要被纯化：无须换洗澡水或甚至只减除浊水，人们只需要让热情沉淀，让自然之本性复返而澄清①。

● 通过文化之间互相地揭开面貌而从事人文的自我反思

于此我们在现象学上有关人的定义看到了某件能澄清的事情（因其"自我澄清"），让我们跟随着庞大大陆两端彼此不认识的哲人之间一连串的核对。人就在核对的作用之下反映自我，按照"反映"的本义，不再需要任何操作，尽量作出最少的操作，既然那是双方思想内在的选择彼此之间掀开对方的真面貌。这种布置有双重源头，既来自中国也来自欧洲；其自身的贯通道理可自行证明，并按序显出轮廓。譬如，西方的普罗丁和奥古斯丁说"恶"，中国文人则说"不善"，认为"昏愚"乃因人"自绝于善"，自此"自暴自弃"②。又如斯多葛学派开始确认，道德就是把整个宇宙——"天地万物"——看作形成一个全体：即"万物"；而且每一个个体我都属于该全体，万物皆备于

---

① 《孟子》"告子上"，2；请参考朱熹注解《近思录》，I，21。
② 同上，13，15，17；请参考《近思录》，I，14。

我，由此产生人的责任①。

理性逻辑的组合以减少恶

我们看到中国也与斯多葛学派同样地认为恶是没被纠正的偏差。中国人甚至更强调对最小的偏差也要慎戒，微小偏差开始之际总是微不足道，但是在人未察觉之下最终发展成最糟糕的过分。就如他们强调返本复性的可能②。孟子所呼唤的天变得更人格化，他在道理上也接近受苦的美德："故天将降大任于斯人也，必先苦其心志，劳其筋骨，饿其体肤，空乏其身，行拂乱其所为，所以动心忍性，增益其所不能。"③或者，正如逻辑的操作需要恶，《老子》写道："不善人者，善人之资。"④

● 中国将恶的消解建立在过程性的能力（德）上面；自微小到无穷；怨言因此消解于内在性逻辑里；贯通道理

中国思想转离（戏剧性的）叙事，而致力描绘世界的过程性：

> 今夫天，斯昭昭之多，及其无穷也，日月星辰系焉，万物覆焉。今夫地，一撮土之多，及其广厚，载华岳而不重，振河海而不泄，万物载焉。⑤

就是这个从最小发展到最大的本能，不断地现实化并且深化，以致

---

① 《孟子》"尽心上"，4；请参考《近思录》，I，20。
② 《易经》"复卦"；请参考《近思录》，I，2。
③ 《孟子》"告子下"，15。
④ 《老子》，27。
⑤ 《中庸》，26。

"不可测"（insondable），因此有"神思"（spirituelle），能于其无穷里覆盖或承载宇宙之全体。"天地之间"万物之化生，"观天地生物气象"①，人的确有命运并且提高其尊严，甚至与天地共成"三才"，但是为何把人想成有别于万物进程呢？中国古代末的哲人们不定期发出的怨言很快就被压下去了，而无法加以组织；那些怨言触及最微小的现实，倒是在整体功能性的领会之中消解了，人们总体地称之为"天"，而赞其"乾乾"②。"天"很少（或说偶尔）人格化：刚出现的主体观点于是在(《易经》传统里)过程性面前隐退了，或者(在庄子思想里)和谐地虚化了。不论是前者或是后者，呼吁意义就让位给澄清某种"贯通道理"，这情况在古代中国是很普遍的。

● 反面性与正面性互相整合如阴阳

在中国文人思想发展当中，从道德的观点，恶是次要的，不过是偏离善而已；或者从宇宙论观点，善恶悲剧性的对峙只是面对面共事的阴阳两极。的确，作为减少邪恶—吸纳病痛的分类标准的众多特点，一开始就在智慧棋盘上使中国成为一个极端例子。阴乃影子、凝聚、情感，因而"浊"（opacité）；阳乃明亮、开展、本性，因而"清"（limpidité）。但是正如山阴山阳，阴阳配对，即使一方取得优势，另一方也不会因此消失，而是准备返回而重新得势。"一阴一阳之谓道"③，《易经》这个常被引用的句子，以其无穷的整合能力而确认了中国文人思想的生成变化。

---

① 《近思录》，22。
② 《易经》"乾卦"，九三："君子终日乾乾，夕惕若，厉无咎。"
③ 《易经》"系辞上传"，第5章。

（宇宙进展或人的行为举止）过程性的调节理想

重要的更是在后面这个格式里："相继者善"（"成之而后性存"）。中国贤人与其通过人作为主体以道德修养而超越自然秩序并跨越其相连的功能，而显出人的自主性，他只（或者说他不放弃）延续和推动后面这个现象，亦即他依照天道（作为唯一的理想）而行。阴阳相调，天不偏不斉而于变化之中保常，天因此"成之"不尽而更新。相同的，贤人避免偏行，依时而进退，"自成"同时成就他人，其道总是通畅。

生死乃气之聚散

贤人不至死，死并不会把我们悲剧性地夹在神秘或乖谬之间，它不受整合，也不消解：死乃"入—返—息"（rentrée-retour-repos），因而与生的涌现—开展（surgissement-déploiement）呼应[1]。"鬼神"是一个非常古老的中国词语，它们起先表示死者的灵气，后来就只表示"屈"（鬼）"伸"（神）[2]。生不比死更虚幻，因为鬼神者，二气之良能也。它们因而自足，气通过聚散而无穷尽地重新展开。

● **贯通道理的机制**

在中国甚于在欧洲，采取"贯通道理"的立场一开始就将一切吸纳融合，但是已经硬化（s'ossifier）到了一个危险地步，就是使思想原地打转（甚至可能使思想空档打转，一旦不再有任何突发事件性—存在性的（événementiel-existentiel）事物得以涌现而反驳思考，或者至少让思考理论上还有要"磨碎"的事物）。中国文人思维放弃那种会

[1] 《老子》，50："出生入死。生之徒，十有三；死之徒，十有三；人之生，动之死地，亦十有三。夫何故？以其生生之厚。"

[2] 《近思录》，I，8，12，46。

使人担忧并迫使理性不停地探索一条出路的宗教性之戏剧化,最终满足于其自身的"理所当然"。中国的贤人也比那位把生活当中的考验视作"修养德行的机会"的斯多葛主义智者走得更远。因为前者明白世界进展过程当中的每一个时刻是一方的确认也是另一方的后撤,但是当确认的那一方疲惫而隐退,后撤的那一方将返回而重新组构。

在反面性的阶段侦查出新的正面性之"幾"

贤人懂得在反面性得胜之际,在灾害之下、在瓦砾当中侦查出将返回的正面性已经开始不为人察觉地起作用了(请参考"复"卦:一阳爻在下,五阴爻在上)。贤人因此也不会绝望,每一个时位自有其"德",或明显一些或隐藏一些,甚至那些人们以为比较不吉祥的卦象,譬如"否"卦、"损"卦或"剥"卦。在"泰"卦抵达巅峰之前,我们就被警告"无平不陂,无往不复";在"否"卦被阻而翻转之前,"拔茅茹以其汇"。

一方牵涉了另一方, 不再有悲剧; 但是会变得枯燥无趣吗?

贤人与其悲剧性地把正面性与反面性对立,与其逃离一方而为另一方叹息,他观察到双方必须有对方才能成立,并且在一方之下已经"萌生(指出)"另一方:为了存在,一方在其己身之内包含另一方。此外,执着于定义本质的欧洲哲学工作(譬如,科学多元化的建构便以此建造的)长久以来在其思考边界冒险地稍微瞥见的事物,中国人却满足于用对仗句子来表达,那就是每一个词呼吁其相反词以陈述意思。中国人会单调地将其发展成一套"理所当然的自明不喻"一直到令我们感到疲乏吗?

九

合法化的矛盾（神义论之结束）

- **"相反对立的事物"（*Aux contraires*）：唯一可能的出发**

我们开始时能以别的方式进行吗？"开始时"（Au départ），组织贯通道理的最初方式会是什么呢？那纯粹是操作性的，还未遭受多种意义之间的竞争的影响。理性舞台上的帘幕拉起了，思考极其靠近地捕捉那个供它作为最初的论证之起点，以便它能编次可思的事物。然而，我们能不从赞同"对立—配对"（opposer-accoupler）这个最普遍的操作方式而开始吗？换句话说，我们能不同时列举两者，使双方对峙而互通，因而彼此"互起作用"吗？也就是说，我们能不考虑"从相对的事物生出的相对事物"（如希腊人所说的），"阳生阴，阴生阳"（如中国人所说的）吗？在这个阶段，还没有"意义"的问题。亚里士多德将那些相对事物建立成"基质"（希腊文的archai）的同时，也注意到所有哲学家共享着某些共同点，哲学随后才从共同点分散出去①。有人从一组相对事物出发，也有人从另一

---

① 亚里士多德，《物理学》，188a—b。

组相对事物出发：譬如，巴门尼德（Parménide）从热与冷出发，德谟克利特（Démocrite）从实与虚出发。在每一个案例当中，所产生的事物的生产过程，正如被摧毁的事物的破坏过程，都以该相对二项作为开始和结束的两端，或者以两端的中间过程作为它们生成变化的路标。柏拉图甚至从这种正反现象当中的互相性作出了支持灵魂不朽论的第一个论证，或者说他至少因凭靠这种互相弥补性而冒了险：他说，假如每一个反项（相对项）是来自它的反项（对立项），生就来自死，死应该来自生。柏拉图考量了这个推理而得出的"应该"，首先悬于逻辑平衡道理之上：一端是死与消失，另一端是逆向进行的"重活"或重生（revivre ou renaître），这不仅仅被希望滋养并承载着，甚至因为在形式上与另一端成对互补而合法地被投射在幽暗上面①。

- *相反事物（在希腊）被提升至"在其自己"（l'en-soi）*②

众所周知，希腊思想并不坚持大自然的调节（柏拉图早在《费多篇》里就如此）。因为两个既对立且配对的相对事物之间不停地产生各种经验，希腊思想就从每一方萃取出一个"在其自己"（en-soi），这是一种"有关自己的在其自己"（un en-soi quant à soi，希腊文 *auto kath'hauto*），该思想强调：只关乎自己的、在其自己反思因而只揭示自己；希腊思想也提出"置于其下"（placé sous，亦即"假设"supposé，"预设"hypothèse），每一种存有现象的实体来自它的"理型"（forme，(idée)③。希腊思想就是从这个外在于现象交迭多变的"在其自己"

---

① 柏拉图，《费多篇》，70c—72a。
② 根据作者解释，"在其自己"（l'en-soi）乃相对于"为自"（pour soi）。（译者注）
③ 柏拉图，《费多篇》，100b。在柏拉图的两层化主张里，每一个实体只是"殊相"，对应了那不变的"理型"，就是"共相"。（译者注）

而开始与中国思想有了间距；那也是人们熟知的本体论的哲学思辨步骤，是苏格拉底在世的最后一日还"在你们面前重复又重复的"（ressassé devant vous），将其作为先决条件；可它在与中国思想面对面之下，突然变得陌生了：思想里于此出现了一个分歧。

（在中国）非抽象的而且不可分离的对立项

这是因为中国的阴阳思维不赋予任何一方有如希腊哲思的"在其自己"的自我建立，阴阳的关系及其互动（relation-interaction）乃是构造的内在成分。譬如，中文的"东西"表示关系，也用来指称事物（该词不是指称事物的唯一用词，但已经显出相反词的配对组合）；或是"山水"表示高和低的关系，用来指称"山水（风景）"（paysage），山水实际上难道不是同时是纵向/横向、固体/液体、混浊/清明、不动/移动等等吗？

对立项悲剧性地彼此排斥而需要一种理论建构

与其相反的，希腊思想中的每一个相对物都有各自的本质，从此由其自身并且返回自己而缩在自己里面。于是，从两极互相生出的一切实体，在柏拉图的思想里变成了一种自有的贯通道理（auto-consistance）①。自此隔离出一个理型和逻辑的平台（既是存有论的也是思辨性的平台），在该平台上，一方绝不再与另一方互动，不再逆转到另一方里面，而是从此绝对地排除另一方。因为，柏拉图在回答他自己之前提出的一个问题的时候说，假若从相反的事物生出与其相反的事物，譬如从最冷的事物生出最热的事物，或说从最热的事物

---

① 如前所注解的，作者强调"consistance"意谓每一个实体（实性）"一起挺住而贯通的"（与"essence"对立），"auto-consistance"表示该"一起挺住而贯通的"来自己身而不是外来的。（译者注）

生出最冷的事物,相对物本身(如热冷),或是基本上为相反物(如火/雪),绝对不会失去其各自本有的定义,更不会进入与其相反的事物里。他还说,事物可从小变大,但是"大"和"小"自身里(en elles-mêmes,自身里是具决定性的)具有互相矛盾的本质。一旦大的"在其自己"定下了,大就不可能既是自己又是其相对之物,也不可能把其相对之物纳入它里面:或者,当小对抗大而前进的时候,大"逃离而让位"(s'enfuit et cède la place);或者,面对小的前进,大"拒绝变成不是它自己的别的事物"因而不存在了[1]。

● 中国照明了欧洲思想的悲剧性

柏拉图就上述所举为例的相反二物相遇的命题所提出的回答,幽默感多于悲剧性,可这做法事实上是枉然的,(甚至此处的"相遇"都夸张了一些,因为那是关乎原则上的不相容性),然而该戏剧化却无法叫人忘记那个自此之后被视为理所当然的大小之间的"让位—排斥"(cessation-exclusion)会引起的后果,那是有关我们对漫漶但无止境持续着的"生活"(vie)启动的"存在"(existence)所作的构思与开展的方式。我如果回到中国思想含蓄地打开的间距——那不是在阴阳思维当中对理型与现象进行不同层面的抽象化——,这是因为我们可以因该间距而看得更清楚,抽象化在哲学逻辑思辨上会造成何种结果。因为,将一种"有关自己的在其自己"抽象化,这就是设立一个定义,既使该定义固定又使它孤立,这个定义的界限被思维细腻谨慎地剪裁而成,因而一开始就显得不可跨越。在定义本身的界限之外,就不再是定义自己,这个自己就把与它相反的事物推离开它自

---

① 柏拉图,《费多篇》,102d—e。

己,不矛盾原则及其交迭的力量因而成了主宰。

一旦相反二物被当作本质（entités）而封闭起来

我们（从中国）可以不那么天真地自问：西方偏爱给自己（"关于存有的"）悲剧——在某个程度上,悲剧使哲学升华——,这难道不是根本上就是因相反二物被当作本质而各自封闭起来之后所产生的吗？譬如,临现/缺席、善/恶、死/生,等等。即使被树立的"在其自己"肯定最先给某个"自己"的贯通道理及持久性带来益处——亦即"灵魂"、我、主体（âme, Moi, sujet）。甚至,即使柏拉图正是在逻辑思辨上把这个矛盾定锚于存有里而从此得出另一个灵魂不朽的证明,这一次,该证明提出清晰的本体论定义：既然灵魂绝不能接收它自己一直承载的事物——亦即生命——的相反事物（这点是灵魂本质性的属性）,灵魂因此反对死亡,所以灵魂本身不会死亡[①]。

● 相反对立二物彼此的排斥使生活硬化了

我们如此远距离地审视哲学的命运,就看到该命运既系于定义所作的正面性的贡献,也系于与其反面的"矛盾性"。就是说,哲学的创造力所铭刻的足迹骄傲地凸显出来,可我们会因此忽略其所承载的阴影吗？我们也可从得与失（因大胆之举而取得胜利,或因失败而压抑）的角度来说——至少作为意象而言——,可以看得很清楚,定义的封闭性（clôture de la détermination）容许西方从其思辨工具所提供的便利性出发去建构知识,该思辨工具为"定义—抽象化"服务并且作为预设来应用,（欧洲确实因此建造了"科学",科学自此征服了全世界）。然而,下定义之举是通过"把事物的成分拆解为本质性"

---

① 柏拉图,《费多篇》,106b。

而进行的,又使它们对立起来——首先是善/恶、生/死——,因此使生活里持续而模糊的细微变化僵硬了,从此必得举出意义问题(譬如,强调"生存"价值并且赋予生存一个目的以便把它从荒谬里拉出来,然而生活并没有"意义")。甚至,我们在西方除了科学上(生理学上)之外还能得体地援用"生活"(la vie)吗? 因为在生活的背后总有幽灵游走,就是那应该是"真正的"生活(vraie vie)的"在其自己"(en-soi)。哲学被"分开以进行理想化"(idéalisation par disjonction)①套住了,渐渐地跟生活没关系,而跟道德有关系。为了贴近"养体"(nourrir son corps)这种说法,柏拉图说"养心"(nourrir son âme)以提升心灵。

"养生"（既非心亦非体），意义的问题于此消解了

可是,中国哲人都说的"养生"(譬如庄子,nourrir sa vie)并不分开心、体,认为生活全部就凭靠其养生潜能并且通过该潜能而实现的。"道"(voie)就是通过众功能之间的协调而使整体机制全然展开,这是由"虚位待物—凝聚"(disponibilité-concentration)的过程取得的,毫无外加任何目的。因为被加上的目的,不管是什么目的,只会越出生的现象之外,随后会消耗生的能量。

- **可是，从相反二物的分开必定产生探索意义的问题（信仰）**

(欧洲)哲学不再能从理型与现实两层化的思辨方法里恢复自己,以把被分开的两边重新连接起来,它就只能建构一套形而上的工具(以及神学的工具,如柏拉图在《费多篇》里所致力阐明的)。对生死的顺从于此转化成理性思辨的必要条件,由求救于信仰来铺

---

① 哲学就是将现实界的殊相与理性思辨上作为共相的理型分开,才能进行抽象思考,才能理想化。(译者注)

成——和补偿——，唯有信仰会揭示那指涉另一个世界的最终意义：为了从恶——或者从不可弥补的不公义里——被救出来而逃离死亡（即空无），灵魂要求永生不灭的权利（康德还这么做，他的宗教公设只是一种无关紧要的让步）。的确，有哪一种存在上的分开（*disjonction* existentielle）会比"生死"之分还不可推却、还具有悲剧性的呢？生死之分难道不是最为万物所共有的吗？然而，我们记得，在思想的另一种景观当中，中国并没设想灵魂不朽——中国既不需要也没有方法去设想。还有，中国没发展出"在其自己"的承载体（保证"灵魂"的实性永存），也没有从生活现象抽离出另一个作为理型的平台（un autre plan，à vocation idéale），因此中国没把死亡想成断裂（Rupture）和终结（Fin），而是把死亡想成"化"（transformation）："化"是过程性的，完全是现象性的，其操作是通过去个体化而回到浑沌（囫囵）来进行的。

相反二项不排斥的例子（在生与死之间）：老年

于是，"老年"是中间阶段，因而是重要的（不再从意义的观点，而从贯通道理的观点），保证了生死之间那种逐渐而持续的（因此是自然的）过渡，并且减轻生死之间的断裂程度。庄子说："劳我以生，佚我以老，息我以死。"[1]（蒙田也注意老年，但以一种比较悲剧性的方式，因为他还受制于存有论的语言。他注意到老年"用它的手慢慢地引导我们一点一点柔和地走下坡，好像感觉不到似的"，因为"我的生存里所感受到的不舒服不太剧烈，不像从温和而绽放的状态到痛苦的状态那般"[2]。）同样的，中国几乎未曾担心本源的问题，它把本源融

---

① 《庄子》"大宗师"，郭庆藩版，页242。
② 蒙田，《随笔集》，I，20。

入过去的根底,融入上古里。中国让所有那些在个人生活之外的事物——这可不是出于未知论上的谨慎——纳入那不断形成世界万物的气"流"里,交迭于可见的与不可见的之间、于有无之间。如是,免除了永恒。

- **将来的工作: 打开那些造成排斥的定义**

定义的关闭(clôture)是投入形而上的姿态——这是尼采揭发的[1]——,也是戏剧性地拉扯(tendant)存在的姿态,会反过来邀请打开(déclore)定义,以便在哲学的大建筑里重新找到生活内在贯通道理的运动(le mouvement inhérent-cohérent de la vie),生活(通过该运动而)"凭靠"它。"co-hérence"此处要按其具体字义来理解:亦即生活以贯通道理使所连结的事物一起撑起来("恶"与"善"连结,"死"与"生"连结)。除非把"之外"(l'au-delà)客体化并想象——或至少预设——"后面界"(arrière-monde)[2],否则规划的用意是很清楚的,我在该用意中看到在欧洲所解读的中国思想与我们的现代性之间再次出现了一种类比(即使随后必须拆解它),那就是,为了恢复那在善恶、生死对立之下而消失的统一性,该用意是要逆向地使语言在使用上所造成的断裂发挥作用(西方的形而上终究是在它们上面建立的)。也就是说,有一种可能:针对生活"悲剧"(正因为生一旦断裂就不再是生活了,所以是悲剧),如果有一条出路的话,那肯定是通过思考思想本身里面那些硬化了的内涵,以把它们向"之外"打开。或

---

① 尼采,《善恶之外》(*Par-delà le bien et le mal* [*Jenseits von Gut und Böse*]),I,2。
② 这是尼采发明的词,为了反对宗教上和哲学上的"此世之外的另一个世界",他认为那是幻觉;他强调可感可觉的今生今世。(译者注)

者另一种可能：如果我们不想必须从某个"在其自己"的定义（所以是位于定义下游的形而上论）出发去建构（construire）的话，就必须回到那些定义的上游，反过头来使它们的矛盾（contradiction）合法，就是使每一个相反项脱离各自的闭守及固定状态，并使它在自己那独立而不动的、单向的表面之下，看到那在它里面把它承载到它的之外，并使它转向它的反项的内在运动。

• 重新找到连结相反二项的贯通道理

我们岂不也知道——根据这个更根本性的"我们"，不再是底下哲学（*sous*-philosophie）①而是"源—哲学性"的（*infra*-philosophie），哲学可以覆盖"源—哲学"但无法使它被遗忘——，死常在生当中起作用，支配着生。我们不也知道善"本身"并不关闭卷缩在它的"善"里，而总是因与恶形成二元对立而受苦，因缺失而受琢磨吗？因而不是投入某种神秘的非理性主义（多多少少隐秘的）就能逃离形而上的理性及其两层化逻辑；而是通过某种更严谨的理智思辨，才能分析相反二项如何合作共事并联盟，提醒对立的两边各自必须有对方才能存在并且（随之而来地）因对方而凸显出来。独立的属性结构（由于独立所以具有属性）打断了贯通道理的逻辑，<u>一</u>旦我们在己之内把"恶"或"死"单独地说出的时候，肯定就结出悲剧，而此悲剧召唤某个意义以便解开它。

生活逻辑或说过程逻辑

然而，没有"死"而有"死的"（*de la mort*），或者说有"死着的"（du mourant），与"活的"（*de la vie*）、"活着的"（du vivant）持续地（过程性地）互动（生物一出生，其细胞就持续死着）。只要让相反事物保持

① 作者用这个词批判"糟糕的哲学"。（译者注）

交通而不让它们退回到"它们自己"里而自我关闭,我们就不再需要建立某种被启示的或被建构的意义(该意义总被强加给"存在的"事情):在属性的封锁之下重新找回(生的)"流畅性",贯通道理凭靠它就够了。

- *"神是日夜、冬夏……":要从贯通道理的角度而不从意义的角度阅读赫拉克利特*

在西方,赫拉克利特是那条事先就抵制形而上发展道路上的第一人。他不用中间项以使相反二项彼此向对方敞开,把它们对峙地连起来,甚至不把它们按序排列,他因此公然撬开了一个缺口,以便凸显出一般的论证里(被形而上的结构认可的)掩藏的深层统一性(l'unité foncière)。他说:"神是日夜、冬夏、战争和平、饱饿。"[1]"日夜"(Jour nuit),而不是"日与夜"(jour et nuit)。因为这不是用捕捉一边"日"而另一边"夜",一边"冬"而另一边"夏"等等,就可以捕捉到赫拉克利特选择称作"神"(Dieu)的那种借由互相依赖的统一性。日夜:要保留日夜相连,而不是把它们一个接着另一个地指称,像很多未"觉醒"的人们所做的,他们没理解其中的不可分性(indissociabilité),他们构想没有战争的和平或者没有饥饿的饱食。日夜、冬夏、战争和平、饱饿:此处,即使是一段论述,就(选择性的)具体含义而言,该论述没有"意义",它只是使对立事物的贯通道理保

---

① 赫拉克利特(Héraclite),fr. 67;*Die Fragmente der VorsoKratiker*,Diels-Kranz,I. p. 165;请参照 Jean Bollack et Heinz Wissmann 译版,Paris, Ed. de minuit, 1972, p. 220;或 Marcel Conche 译版,Paris, PUF, 1986, p. 379。

持活跃状态。（在这点上，我脱离了古典读法，譬如杰哈·勒布翰①的读法，从意义的观点解读赫拉克利特，赫拉克利特就必然是"矛盾吊诡的"（paradoxal））。因为，在赫拉克利特所道出的那个系列当中，有一半的词是正面性的：日—夏—和平—饱（另一半是反面性的：夜—冬—战争—饿），因此按照该句的结构便清楚地显出（正如赫拉克利特的注释家们一般都说的），神的谓语乃连在矛盾轴上面，一开始就交换它们的位置（＋ － － ＋／－ ＋ ＋ －）。这说明摩尼教的善恶二元论只是人为的断开，人们以对立的方式武断地打开实际上是平等的地位："对神而言，一切事物都是美好的并且公义的，但是人认为某些事物不公义而其他的事物公义。"②

● 字面上的矛盾性： 相反二项彼此相联

这并不因此说，反面性是幻觉，因反面性的功能是在于使生活变得可察觉，否则，生活会逃离我们，留在无尽的平板枯燥当中，不再让人感受到它的活力（不再是"经验"）。与"神"对立的，就是人特有的层次："病痛使健康愉快而且美好，饥饿使饱足愉快而且美好，疲惫使休息愉快而且美好。"③我们不该留在老掉牙的说法里，它说人要是未曾生过病，就不会感受到健康的舒适；要是未曾饥饿，就不会感受到饱食的愉快。因为我们注意到，该说法所罗列的三次主词都是反面性的，因此派给对立的双方不平等的角色，我们就无法推论得出它们两者之间的互相性（亦即恶凸显出善，善也凸显出恶）。正面性只有

---

① 杰哈·勒布翰（Gérard Lebrun, 1930—1999），法国哲学家，哲学史史学家，专攻德国哲学。（译者注）
② 赫拉克利特，fr. 102（D.-K., I, p. 173）。
③ 同上，fr. 111（D.-K., I, p. 175）。

当它与反面性对照之下才显现，只有当它与反面性对立的时候才安置的，并且如果没有反面性，正面性可能不为人注意："要是没有那些事情，人们就不会知道公义这个名称"①——人们不分细节地用[那些事物]这个中立性的复数形态，来指称每天碰见的一切不公义的事情。语言使那些字词对立起来，它的功能便是通过对立词之间所产生的张力（势）而突出相反的事物实际上一起建造它们各自的性质：没有夜，日可能不会被命名（赫西俄德（Hésiode）并不认识它们二者的统一性）。语言的功能的确不是把两者断开并使之对立，好像必须以形而上所认可的现实手法去做。赫拉克利特选择以矛盾方式来言说：

　　不死者：有死者；有死者：不死者。此之生为彼之死，彼之生为此之死。（Immortels mortels-mortels immortels：vivant de ceux-là la mort，étant morts de ceux-là la vie.)②

在上述的以交错配列法相嵌的两组当中，一个名词也涵盖了与它相反的性质，二者完全向对方敞开并且逆转到对方里，一方在另一方里反映自己：因为不是说不死者是有死者，也不是说有死者是不死者（此处没有相信人类不死的信仰），而是因为不死者需要有死者才能认识到他们是不死者，因为有死者在死亡当中失去了他们于己身之内所感受到的生命，而且如同他们同意不死者的生命，他们的生

---

① 赫拉克利特，fr. 23(D.-K.，I, p. 156)。
② 同上，fr. 62(D.-K.，I, p. 164)。

命就不会死亡。一种"比任何可见的同意还紧凑"①的不可见的联系，将相反的事物连在一起，因而"异己者与己相合"②：这就是"结（nœud）：一切事物与一切非事物，集合与分开，协和与不协和"③。我们尊荣生命之神狄俄尼索斯（Dionysos），因此同时尊荣死亡之神哈迪斯（Hadès），因他们是"同一"（le même），一方只通过另一方才被听见④。

● *把矛盾想成合法的*

赫拉克利特曾被叫作"幽暗的（晦涩的）"（Obscur），但是他真的以"高深莫测"（énigmatiquement）的方式来表达吗（好比人们说阿波罗⑤的表述高深莫测）？那难道不是，赫拉克利特把相反对立的事物并列，他确实没造出任何意义——一个意义只能用个体化来表达，就是优惠该意义——，但是他维持了某种贯通道理吗？他甚至让每一个对意义的期待失望，他拆解了"选取—排他"的操作，这种操作平常会激发论证并把它往前承载——以便"提出（前进）"（好比人们说"提出一个想法"，因而把自己关在偏颇之中）。赫拉克利特的做法是独行的，一开始就使他自己永远与"多数人"对立。甚至，他所打开的可能性，尽管人们方便地把该可能性融入哲学史里（被安置在巴门尼德的对面，以与"存有"思想面对面地作为"流变论"（mobilisme）的典型

---

① 赫拉克利特，fr. 54(D. -K. , I, p. 162)。

② 同上，fr. 51(D. -K. , I, p. 162)。

③ 同上，fr. 10(D. -K. , I, p. 153)。

④ 同上，fr. 15(D. -K. , I, p. 154—155)。

⑤ 阿波罗（Apollon，拉丁文 Apollo），希腊神话的光明之神及文艺之神，罗马神话中的太阳神。（译者注）

代表),该可能性岂不继续威胁着整个哲学领域吗？该可能性吸引—
巅覆—威胁哲学：这好比,奥林匹克式的一拳一旦一次性地打出去,
就有义务往前更深入地合法化那个字面上呈现的矛盾。

在重大哲学的边际：从不矛盾原则里解放出来

它不停地在哲学最严谨的建构之边际不怀好意地游荡,确实企
图要使那些建构显如理智深化的结果而不是要放弃理智。柏拉图认
可"在其自己"的机制,就不得不去超越《费多篇》里出现的众多分隔,
他隐约看到必须通过矛盾来跨越难处。我们都知道,柏拉图此刻受
困,就不得不在赶除诡辩家的时候承认,假的也是实在的(le faux
aussi est réel),也就是说,"非存有"是存在的(le non-être est[①]),(这
是在他决定将间辩法[②]转向众多类别之间的某种受组织和管理的共
同体之前的)。普罗丁在思考时间的暧昧性的时候也遇到了同样的
必要性,他必须暂且取消他者与自我的认同之不相容性。我们也在
哲学的另一端——康德身上发现同样的必要做法,康德在纯粹理性
的反义词当中侦察出理性与矛盾具有同样的形式(即使这是为了揭
发它们)。

- **"知性"的矛盾或"理性"的矛盾**

内在性的矛盾是必要的,这个想法在其自身里把一切的贯通道
理联结起来,但是它是一个棘手问题。即便如此,我们都知道,它在
欧洲仍然被克制、被主宰,或者更准确地说,被压抑在"知性"某种形

---

① 《诡辩家》(*Le Sophiste*),236e。
② 法文"dialectique",按其希腊原文含义是"dia",表示"间距、面对面"、"行程",及来自
"logos"的"lectique",指"言语"、"逻辑论述"。中文普遍使用的"辩证法"遗漏了"dia"。
作者建议译成"间辩法",如此才准确译出"dialectique"的全部涵义。(译者注)

式上的外在性矛盾的管辖之下，那是自亚里士多德的不矛盾原则以来所正式定义并排除的：亦即根据不矛盾原则，我们不能同时说 A 是 B，A 不是 B；或者，如亚里士多德所说的："任何人都不可能赞同，同一既存在也不存在，好比某些人以为赫拉克利特曾经那样说过。"[①]

重新看哲学史（从赫拉克利特到黑格尔：思考反义词）

当赫拉克利特提出该矛盾的时候，就在众人共享的论证当中，撬破了那一开始就协调了所有的相反项的常规。黑格尔终于使该矛盾通过中间项，使相反对立二项保持并列而分开，以拆解那使矛盾可能存在的论述，但是他并没终止形而上学（康德已经做了）。黑格尔便如是地继承了赫拉克利特，因为在赫拉克利特的主张里，"反面性的时刻"早就在"内部"里，这就是为何黑格尔在《哲学史讲义》（*Leçons sur l'histoire de la philosophie*）里宣告"赫拉克利特已经提出了哲学整体性的概念"，（黑格尔观察到，即使在赫拉克利特的想法里，宇宙的流变性思想也没发展成"过程"思维）。

波牟[②]：神也在其自身里整合了反面性

然而，就在此，黑格尔也可以被看作归属于德国第一位宗教神学和神秘主义哲学家——波牟（Jakob Böhme，1575—1624），这位哲人无法以抽象方式构思该反面性时刻，但是他努力地"捕捉到在神的想法当中也包含反面性"。波牟企图思考在神里相反事物具有统一性，所以是反对（摩尼教）二元对立论的，二元对立的论点向来就威胁[基

[①]《形而上学》（*Métaphysique*），Gamma，1005b；Kappa，1061b—1062a。

[②] 波牟（Jakob Böhme，1575—1624），德国神秘主义哲学家，是现代神秘论的代表之一。
　　（译者注）

督教]宗教思想,因为上帝既是幽暗也是光明,既是爱也是愤怒①,等等。

间辩法

此外,不管我们在希腊逻各斯和日耳曼神秘主义两条传承当中跟随哪一条,不管我们于两个在兴发当中而尚未被排他性阻挡的新鲜理性的黎明当中师承哪一个,概念的任务基本上是,(不是逃避而是)让矛盾在每一个被圈定的内容里被思考。被圈定的内容自我否认而不再只是与另一方对峙(外在的并且次要的),它终于可在自己的发展过程当中思考,同时在它的具体性和整体性当中思考——人的意识便经由逻辑推理而到达该境界,逻辑推理(logiquement),就是说,用间辩法去超越知性而自我提升到真理的道路上。

● *相反对立,排他,矛盾,以及超越(意识到自己走在真理道路上)*

在这条被标示的意识进展道路上,《精神现象学》发展了反面性之必要性,我们看到反面性的确从一个阶段到另一个阶段被内在化并且更加密切:反面性从内容上作为单纯的次要对峙,作为当下立即目标的阶段:从"现在是白天"到"现在不是白天(而是夜晚)",到作为相反二项之间互相排斥各自所定义事物特性的属性:圆形的或是正方形的,咸的或是甜的,一直到矛盾本身,此刻,对立事物的每一方在自身里也在同样唯一视角之下发现它的反项。在被看到的客体

① 尚·伊朴利特(Jean Hyppolite, 1907—1968)偏爱波牟所抽出的线索(请参看他的《黑格尔的现象学的生成与结构》*Genèse et Structure de la Phénoménologie de Hegel*, Paris, Aubier, 1946, t. I, p. 143);勒布翰(Gérard Lebrun)则抽自赫拉克利特(请参看他的《概念的耐心》*La Patience du concept*, Paris, Gallimard, 1972, p. 251 *sq.*)。

这个阶段,该事物只能相对于其他的东西才存在,并且,因这是根本性的关系,该事物就在它的"在其自己"里否认了自身:"它只在为另一个事物才为它自己,并且它只为它自己才为另一个事物。"①

"自己"本身自我矛盾

我们因此可以说,每一件事物都是独一无二的,每一件事物却因此不是独一无二的,而是与其他事物相似的:"事物"本身是矛盾的(Widerspruch)。更甚者,在知性上,将事物过渡到关系里,当我们安置正电,就需要有负电。这不是说电流是接在正电与负电的某种混杂电,而是因为"正面性只与反面性有关系之下才存在",因此在其自身里是"己身之异"②,换句话说,反面性不再从外面指出那个不是它的事物,而是指出属于该事物的特性以界定自己。随后,"自己"不再是本体论上的"在其自己",而是那个将自己安置在某个定义里,但把自己逆转成它的反项,由此自我否认或者自我矛盾(se contredit)。

● 在每一个现象当中起作用的反面性(使现象是过程性的)

总之,自己异于自己(différence de soi-même avec soi-même),这现象本身才是反面性(négativité);或者,我们更近地跟随被认可的黑格尔的说法,该现象"否认"最初的反面性,这是由定义一开始就赋予它并且加以克制的反面性。那些被共享的知性只用抽象的方式捕捉到的定义,亦即用固定而孤立的方式所圈定成稳固的对立本质,黑格尔呼吁使它们重新变得灵活,以在其自身里发现它们如何挤压而越

---

① 黑格尔,《精神现象学》*Phänomenologie des Geistes*,chap. 2,"Die Wahrnehmung",Hambourg,Felix Meiner Verlag,1988,p. 89(法译版,Jean-Pierre Lefebvre,Paris,Aubier,1991,p. 112)。

② 同上,第三章,"Kraft und Verstand",*op. cit.*,p. 107(法译版,p. 131)。

到它们的反项当中。此刻，逻辑推理终于成功地将存在（从存在（existence）里）解放出来，特别是使存在脱离信仰某个"之外"，既然"之外"从此不再与可感觉的分开，"之外"是通过现象发展过程而全然呈现的。这，在最近、最细微之处就开始了，打开（déclore）定义的确会让人们在该定义里重新找到"无穷"（infinité, *Unendlichkeit*），这无穷使定义免于自我满足于某种被给予的特性而使它超越自己以进入它的他者，这就建构了绝对概念或说"宇宙心灵"（l'âme du monde）——即黑格尔说的"到处都有普世之血……"[1]。

自我运动：在相反对立的（固定—孤立的）本质之下，重新找到过程的"流畅性"

绝对概念（concept absolu），或说概念的概念（concept du concept），这正是思考"生活"的概念——"要做的事就是，思考纯粹生活"[2]——其动作就如自我运动，以反对自己来自我发展，为了重新找到自己（se développer en s'opposant à soi pour se retrouver soi-même）。该概念也让人思考（精神性的）"死亡"，这死亡似乎来自外面而作为某种外来的反面性之结果，但是它事实上来自活物自身：活物必须死才能变成。该概念更全面性地让人思考"生活进程"（le procès de la vie, *das Leben als Prozeβ*），那是"消除—保护"所有的差异之过程，由此生出它具有普世性的"流畅性"（fluidité, *Flüssigkeit*）。"生活进程"便是"一切自我演义并自我消解的发展"，而且"只在这过程中才能自我保存"。

---

① 黑格尔，《精神现象学》*Phänomenologie des Geistes*，p. 115（trad.，p. 138）。
② 请参看尚·伊朴利特的引文：《黑格尔的现象学的生成与结构》，t. I，p. 144。

● 神义论的完成

黑格尔用两个重要的操作，即一方面使矛盾里面的合理性凸显出来，更重要的是，另一方面将反面性整合成正反间辩运动的一刻（un moment du mouvement dialectique），非常成功地了结了神义论。他既完成也撤除了神义论，因此消灭了神义论的可能性及其必要性：从此之后，人们不再等待来自另一个世界的和好（réconciliation），和好（正反合的合）会在每一个间辩过程之后自我形成，该过程因而让"绝对"可以实现。

从大自然到历史，使历史合法化的机制

的确，从黑格尔提出他的间辩法之后，不再有其他的世界观，或者说，另一个世界观就通过现象而呈现在此世界观当中，此世便同时是自己又是他者。具体而言，也不再有神意（Providence），因为比照于上帝在历史中的作为，不再有任何上帝之外的外在性。黑格尔在他的《哲学史讲义》里正式宣告，与其通过对大自然的形式和轮廓之描绘以仰慕神圣智慧（像前人所做的那样），倒不如在理性上经由众多民族及其命运的来临当中静观大自然。这种冥思历史的方式是唯一可能的神义论，"这是莱布尼茨曾经以他个人方式企图在形而上用还未圈定的范畴所做的"①。黑格尔把恶的暴力和不容性归在反面性范畴之下，而且反面性既全然地受正面性主宰又被正面性"超越"（dépassé）。然而，只要还有猛击，说人们在"眼前看到的大量的恶，包含道德上的邪恶"，这个恶就不再只是那被召唤融入进步

---

① *Vorlesungen über die Philosophie der Geschichte*，"Einleitung"，Francfort-sur-le-Main，Suhrkamp，1970，vol. 12，p. 28（trad. de J. Gibelin，*Leçon sur la philosophie de l'histoire*，Paris，Vrin，1987，"Introduction"，p. 26；纪博林的法译本，《哲学史讲义》，p. 26）.

（progrès）理念里的反面性（"进步"是欧洲人的重大理念，用来树立意义并使其归入宗教，把意义系统化而且此后未曾让它全然地世俗化）；只要在面对"世界最终的真正目的"的时候，还认为即使有不断兴起的呻吟，该反面性会在世界当中涌现并欣然地自我牺牲，还值得我们花力气去读黑格尔那篇压迫人的文章吗？

● *现代性*

这肯定是我们的现代性最主要的特征之一，即我们面对一个无法回答的难题：我们此后不能赞同黑格尔重新转入形而上的理想之理性论所导出的"结论—投射"（conclusions-projections），我们也不能重新撰写神义论而在上帝的掩护之下使世界如其所是地合理化；这种生于柏拉图而形成哲学智慧之基源的神义论，不停地从一位哲人跨越到另一位哲人，甚至康德，但愿它因黑格尔而确定死去了。但是，今日，那走出了意识现象学唯一路径的间辩法理念有何价值呢？随着我们已经借用的路径，我们至少可以从两个角落着手去重新审查黑格尔的间辩理念。首先从中国来看，这岂不是因为中国虽然没磨细它的矛盾思想，但确实承载了矛盾思维，只是没把它磨锐，因此没将它做成思辨命题。既没排除它也没使它合理化，中国因而没遇到在我们欧洲产生现代性的那种重大理论张力（中国之后才必须借用我们的现代性），现代性敲响了形而上学与神义论之可能性的丧钟吗？

间辩法的暧昧性： 在意义与贯通道理之间

另一方面，我们把间辩法的"合"是否是黑格尔思想的最后说词（亦即绝对知识就结束在"合"上面）搁在一旁，因为间辩运动似乎自以为同时让相反项互相敞开，又把相反项向目的论敞开；它便用一个手势把正反二项含入两个各自独立的观念里：全体（Tout）和目的（终）（Fin）。因此，甚至在我们探讨黑格尔的历史哲学之前，就先提出这个问题：黑格尔难道没过分地把目的（destination）的逻辑思辨（来自宗教上的启示）与共同捕捉（理解）（com-préhension）的逻辑思辨（此刻，给"com"强烈意思，就是相反二项一起共同捕捉拥抱的贯通道理（co-hérence））混淆吗？我们从中国来看这个问题的时候，就会看得更清楚：中国在发展一项的时候并没想象其反项，黑格尔的间辩部署岂不以过分方便的方式来联结（我看为敌对的）"意义"与"贯通道理"这两种逻辑吗？（其中的贯通道理可加以开采而作为另一种可能选择，以便接替意义逻辑。人们到处说，意义逻辑在当代出名的"意义危机"当中瓦解了）。黑格尔因而可能——回到我们出发时的用语——在理性逻辑上以可疑的方式，与救恩和智慧思想交会了。

十

平行的历史：相反（contrariété）/矛盾（contradiction）/反向诱导（contraduction）①

● **毛泽东**

我们很有耐心地、固执地企图使恶从它那带着激化宗教性的悲剧性孤立当中走出来，并与善合作共事。哲学难道不是从一开始就是如此？甚至那在哲学底部持续存在的智慧，岂不首先如此并且总是如此吗？我们才作了论证就旋即不停地走回经验最根本之处，并且越过那些形成每一种叙事老生常谈的"不公平"和"死亡"及"痛苦"，以便到处拾取凡是可以使存在与生活和好的事物。更准确地说，人们因那些不断被打开的伤口，每一次都要求使生活的联结性内容得以重新复合并再次编织。然而，在人们如此长久地通过神义论而沿用不稳固的理论之后，自黑格尔以后，"反面性"突然以作为一个运动概念或自我运动的概念而强加给我们，迫使恶加入那种"反面

---

① "contrariété"指两个相反的事物，"contradiction"表示说明两个相反事物如何彼此相反，"contraduction"是作者创造的字，意谓"反向诱导"。（译者注）

性"自身也受到框限的整体性运作里,恶就全然归顺于该运动,自此之后失去恶一切的"有效性",不再留下任何理性的遗迹,甚至不留下允许抱怨的遗迹。毛泽东在他的《矛盾论》的开篇之处把反面性说成上溯到学习黑格尔学得很好的一堂课,至少他相信马克思和列宁学得很好:那就是,"矛盾"使形而上的黑暗时代过渡到间辩法的新黎明而被提升为金科玉律,"矛盾"自身就能照亮所有的现象特有的发展性质,一开始便确定地宣告了宇宙形成的进程逻辑。

独一无二的机件: 从神意到进步

进程逻辑的论证就用这套装置效应而自证为内在性的、唯一的并且自足的,它的功能是系统性的。众民族和种种命运的个别性所高举的,便不再是流露的人性,而是社会变化的面团变得完全一致性的事实;人性的靠山不再是某种宣告的信仰,庇护着人对生活的顺从,而是与之相反的,被呈现为科学性的,甚至更断然地被呈现为制造历史意义的机器。至于哲学,它难道不是只能摇摆在"初步摸索"和"强迫"之间才可处理"恶的问题"吗? 就是不管哲学把"恶的问题"视为信仰上的或者科学上的,不管哲学把该问题看作进步意象或神意意象(进步接下了神意的棒子),不管哲学总是把它的正统性强加给人们,哲学只能摇摆在那形成智慧的私下性和原则定义的僵化之间吗? 它只能摇摆在一种散布于常识当中的意义和实体性的意义之间吗? 哲学若要脱离前者那种散布于常识的情形,就是脱离某种串连的而几乎是无历史性的格式化(我们都知道,那些构成神义论基源的论证很少有变化的),它就只能截然转入后者这种将被选取而固定成目的性的权威式的假定,并以此向"人们决定用绝对化来圈定成意义而且树立成最终的理性的任何假设"敞开。

• "矛盾"

但是,我们要问什么是毛泽东所指的"矛盾"的唯一论证？我们也许可以举出他用来翻译这个借自西方概念的"矛"与"盾"两个中文字的字源象征。"盾"和"矛",一方用来保卫,另一方则用来攻击,因此命名两个争斗用的相反物品,它们同时又互相依靠的,因为一方没有对方是不可想象的,就如传统上的攻守战略,前进与后退、胜和败(或是被毛泽东扩大到马克思—列宁主义、数学上的加减、物理学上的正负电、化学上的作用和反作用；当然,还有社会上的剥削者和被剥削者,以及布尔乔亚和普罗大众)。毛泽东的分析所关注的更多是特殊条件,根据这些条件,顺着矛盾特有的阶级结构、原则性的矛盾和矛盾的主要方面,矛盾就可以达到合宜的发展阶段,也就是到达阶级之间的敌对阶段甚至激烈对抗阶段,而"点燃"(allumage)那燃烧全中国的革命①。

• 回到彼此关联的相反对立：阴阳

毛泽东在高举马克思和列宁以及宣告历史的意义之后,一路做来,就回到自己的家里：他说,我们中国人,在我们熟知的说法当中不断地指出那个联合的相反二物的同一性。这样的说法因此本身就"含有"间辩法,即使必须事先使这种间辩法具有初始性和天然性(毛甚至说,该间辩法在人类知识史当中向来就存在,好比在两条路线之间和两种世界发展观念之间的某种斗争：一方是形而上学的,另一方是正反间辩的)。一方面,在中国人和希腊人之间并行的那个由相反事物生成的思想史就显出,中国向来都用正反互补配对而形成两

①《矛盾论》,第四章。

极来分析现实。此外，中国古老说法也道出了相反事物彼此排斥争斗，同时道出了它们在根本上的统一性：因为非但一方预设了另一方，一方甚至转入另一方①。毛泽东拿中国人向来所说的阴阳，象征一切的相反对立：阴阳相克也相"胜"；还有阴中有阳，阳中有阴；阳"渗入"阴，而阴"系于"阳；以至于将开展的阳同时有阴和阳，好比"春天柔和但有寒雨"（同样地，将卷缩的阴也有阴和阳，好比"秋天严厉仍有温和之风"）。阳以"归依—颠覆"（conversion-renversement）而抵达它的极端就导出阴（或者，阴抵达它的极端就导出阳）②。

"阴而阳"

"阴而阳"这个简略格式当中，就含有每一个过程的内在原则，我们可以理解成"阴却为阳"（yin mais yang），也可理解成"阴以至于阳"（yin de sorte que yang）；"而"是一个虚字，作为中介，既表示让位也表示结果。我们只有理解该虚字必有那两种含义（"却"和"以至于"）——甚至只要了解相反与相连是不可分的——，才能进入那照明每一个过程内在逻辑的正反项游戏里，亦即一方必须反对另一方，同时能导出对方。

● 中国没磨锐矛盾论

我们因此得出结论：尽管西方通常把毛泽东的那本书的书名翻译成"De la contradiction"，可是中文书名"矛盾论"在矛和盾的象征之下让人看到的，说实在的，不是矛盾（contradiction）而是相反对立

---

① 在众多相关的研究论著当中，我们引述宫哲兵《晚周辩证法史研究》，上海：上海古籍出版社，1988。

② 关于这类的格式，请参看如朱熹的《近世录》第一章；张载的《正蒙》第二章（"参两"），第四章（"神化"）。

(contrariété)，用希腊文来说，不是"enantiologia"而是"enantiôsis"：不是逻辑推理上两个相反项彼此排斥，而是容许万象无穷更新的互动—变化（interaction-transformation）。然而，在矛盾这个词当中，古代中国早就预想了矛与盾的不相容，但是没试图更进一步地把矛盾理论化，或者说，没将"矛盾说"做成使意义自我合理化的主导线和原则，该合理化本身就是理性的自我奠基者，辩驳就在上面磨锐。古代中国两次以次要的方式引进矛盾作为说明之用（在公元前 3 世纪韩非子的论著里①）："楚人有鬻盾与矛者，誉之曰：'吾盾之坚，莫能陷也。'又誉其矛曰：'吾矛之利，于物无不陷也。'或曰：'以子之矛陷子之盾，何如？'其人弗能应也。夫不可陷之盾与无不陷之矛，不可同世而立。"同样地，在贤人发出的不可抵抗的风化与君王权威强制之间的政治理论当中是有矛盾的。另一处出现矛盾之喻乃关乎在"第一位完美为政的君王"及"其后出现的缺失有必要修正"之间的矛盾。

- ● 中国想过以打开相反二项之间的对立而使之"通"

古代中国清楚地观察到逻辑推理上的矛盾，特别是那些善于辩驳的晚期墨家（他们提出了"悖"这个字以定义说辞里的"不合法性（不成立）"（illégitimité））。譬如，他们反对那些想要以唯一的论述和立场来脱离偏颇因而拒绝悖论的人，提出"以为所有的论述是矛盾的，这本身就是矛盾的"，也就是说，这一开始就把矛盾关闭在片面性的立场里②。如果我们继续用中国与希腊之间的平行发展的话，他们的思维之间的间距就不在于中国没有发展形式化的逻辑的可能性，

① 《韩非子》，36、40。
② 《墨子》"经下"，卷十，16。

而是中国没跟随这条矿脉，没开采它（只把它局限在说法彼此不相容里，而没用谓语模式去展开它）：古代中国的思想家使矛盾说孤立，没从它出发去建构理论（墨家们并没建立门派而很快地被遗忘了）。当然不必假设那些中国古人具有逻辑思考能力或者他们会有"具体的理性"（l'esprit concret）①。我们会想：比我们想象的还更具有决定性的是，促使他们思考的事物——使他们于其中发现资源并邀他们往该方向投入的事物——比较起来，不是思想里可能不可能的想法，而是他们能从其中取得什么。然而，他们对不矛盾原则并不感兴趣（即使他们没忽略该原则的合宜性），古代中国的思想家们，至少他们当中那些最有深度的，——说实在的——都在努力化解矛盾而不是辩驳它。这是以指出矛盾去凸显"道"这个共同底蕴，相反事物以该道相应相连："生/死"及"善/恶"，于"道"中也经由"道"，打开它们各自的界定而从其拉扯当中解放出来。在中国，定义的解开（déclôturation des déterminations）——我们期待这样的解开可以越过相反事物之间为了使存在紧凑而作出的悲剧性的互相排斥，以便在松开之下重新找到生活的贯通道理——不是只标示哲学的黎明或黄昏那种英雄式的突破（好像在"存有"这个宏大的主宰者面前的赫拉克利特或者使它结束的黑格尔所做的那般），那是道家们不断地冥思道以澄清的松开，形成某种智慧常道——亦即最简洁的道。

- **（道家里）本体论上的断层之外："无"生"有"**

的确，道家既然认为"无生有"，就很方便地在矛盾项之间化解对立而把它们想成共同体。中国思维从存有思想之旁走过，因此不会

---

① 此处的"具体的理性"指探索理性实际上可能或不可能。（译者注）

对本体论及其衍生而出的其他理论所赖以建立的那个"存有/非存有"(être/non-être)的断裂感到尴尬。"无生有",字面上表示反面性思维(pensée du négatif)一开始就有力地反转而成:"有"通过那生成万物的无穷差异之个体化而展现,"无"这个(反面性的)阶段不是"非存有"而是"未成形—未分化"(in-actualié—in-différencié)。那作为"共通基源"(fond(s) commun)的被叫作"无名"(sans-nom),该基源既是根底也是资源(fons et fundus),一切分异不断地从那里生出又不停地回到那里①。那最深的基底同时也是最初的上游,"挫其锐,解其纷,和其光,同其尘"②。《老子》一书里的这些句子互相支持,平等地说出那不再是锐利的—圈定的—恼人的事物之齐(cette égalité de ce qui n'est plus saillant—déterminant—accaparant),而是化为无。

重新找到"道"会使相反事物互通

在这样的阶段,撕裂生存的一切断裂和界限就都消失了。远离悲剧性的空无或缺失——好比只要人们没脱离存有思维的话就会认为的(离开该思维以便进入过程思维:这就是为何我用"阶段"(stades)而不用"状态"(états)来说"有/无"的对立)——,这乃说"道"之"无"就是"玄"(insondable)这个共通的向度,自此涌现出每一种以相反词呈现的二元对立——好比我们说:生/死,善/恶——,所有的定义在"无"中找到它们临现的可能性也找到它们消失的理由。或者,我们再次用上文中用过的阐明矛盾的可能性的语汇,就是"无"让相反事物得以统一又可彼此认出,"无"是它们相联的条件也是它们

---

① 《老子》,1。
② 同上,4。

彼此转入对方的条件:"有无相生,难易相成"[①],等等。

• 虚(以穿越)为用

同样地,我们必得避免"用我们的范畴把所察觉的间距匆促归位"的诱惑:"无"不是本体论的,它持续地与"有"互动,这也不是神秘论的(面对最平常的生成变化过程,它的"虚"不暗示任何断裂);相反的,每一种"用"都来自它,用之不竭,因此"无"也是无穷的。回到《老子》一书里,我们必须不断地重新走过最普遍的经验之说:"三十辐共一毂,当其无,有车之用"(就如"埏埴以为器,当其无,有器之用。凿户牖以为室,当其无,有室之用")[②]。那些对比所得出的结论是,有之以为别,无之以为用;因"无"拆除"有"带来的排他性而超越矛盾以为通。

无是作为一切现实之基源的反面性

无生有并凸显有,或者"辩也者有不辩也",因而容许辩论的人(在做出判断之前的阶段)可以互相理解,他们因此可公开地反驳对方;同理,盈的自明性就是,当它不盈的时候才能十足地发挥作用。"无"这个挖深虚(vide)的反面性,肯定是唯一能实际填满万物的(combler)。或者,如公元 3 世纪的王弼所注解的:"若欲有,必返回无"[③](这与用苦行来弃世正好相反)。

• 道家的操作: 去定义(以便把定义向其相反者重新打开)

《老子》凭靠"去(拆解)定义"(dé-détermination)而回到反面性

---

① 《老子》,2。

② 同上,11。

③ 同上,40。

《老子》一书里的"无"就是绝对化的反面性），就是说，公开地反对定义的"萎缩—独占"（语言受定义限制并且思维在其中固定胶着了），如此做，《老子》要使生活重新有"流畅"（fluidité）与"无穷"（infinité），我们可以用黑格尔的语汇来说：那是经由再次顿然变得随手可及的别的路径。《老子》也要让心神重新"虚位以待"（内在虚的模式，避免智的努力也排除苦行）。这部书使定义在它们自身里面上升到"无"的不可指定性，因而把定义拉出它们自身的孤立和固定，并在定义本身里凸显出那将它承载到相反项的运动。我是如此理解下文中的句子：

> 天下皆知美之为美，斯恶已；
> 皆知善之为善，斯不善已。[1]

拿掉排他性

铺开的（强置的）定义自此之后渐渐消逝而反转。解开相反项以便让人看到每一项在其生成过程当中早已与其对立项相通；只要拿掉排他性，就可由此解放存在（libérer l'existence）。是非、善恶就是如此：

> 唯之与阿，相去几何？
> 善之与恶，相去若何？[2]

---

[1] 《老子》，2。作者法译：Tout le monde considère le beau comme beau, / et déjà c'est le laid ; / tout le monde considère le bien comme bien, / et déjà c'est le non-bien(p. 131)。（译者注）

[2] 同上，20。作者法译：L'accord et la désapprobation, / entre eux, de combien s'écartent-ils? / Le bien et le mal, / entre eux, de combien s'écartent-ils? (p. 131)。（译者注）

使定义以人为的勉强方式而造成的差距降低,这甚至是(重新)感受最根本的贯通道理的唯一途径;使定义挺在一起,自此导出那要求相反事物之间的合作的每一个过程的可能性。

重新找到根本上的贯通道理,《老子》里用解放定义上的陷溺使人听见字面上的矛盾

此外,在我们以为是吊诡悖谬但不过是圈定语言所引起的限制性的产物之下,我们应当观察,那与定义不分开而陷于其中的属性,是如何流失于其自身的定义深凹里而变得虚弱。远离一种凭靠预设的本质而形成的圈定逻辑,严厉地抵制该逻辑造成的效应,原版的《老子》开篇就说:

> 上德不德,是以有德;
> 下德不失德,是以无德。[①]

的确,道德会让人们更能分享经验:德(或说能力),如果不愿脱离其美德(或性质),固执地封闭自守,努力地累积德行的话,事实上就不是有德的;因它沉溺在它自身的定义里,所以既没有前进活力也没有影响力。上德却不勉强自己小心翼翼地为德,上德不德,就像大辩若讷;上德乃在被承认有德和没有德那种小气的对立之上游。上德不局限在下游的"有"德,"有"德圈定出可见的临时性效果,叫人受到称赞但也使人受它们的圈定。上德乃位于德行效果尚未分开的含蓄源

---

① 《老子》,38。**作者法译:** La vertu supérieure n'est pas vertueuse,/c'est pourquoi elle a de la vertu;/la vertue inférieure ne délaisse pas la vertue,/c'est pourquoi elle est sans vertu(p. 132)。(译者注)

头,因此还具有"无"将要开展的无穷性的益处。

- **《庄子》里正面性与反面性之间的反转游戏**

中文善用相反二项关联的对仗,它在句法上没有附属字句,甚至没有字形变化和动词变化。古代末期的中文特别能说出相反二项的共存与互相逆转——庄子于其中悠然自在。庄子很早就用中国思想使其抽象化的正面性和反面性的词("是""非"二字),作为评判语汇,发展他的正反思维,极佳地从百家争辩当中抽身出来,他说:"因是因非,因非因是。"一旦我们要捍卫一种假设,它就引起反驳,哲思因此受限,每一方因持守某个观点而造成偏颇性,因此自我孤立,它赞同从它的立场所看到的,批判从另一个立场但它没看到的("故有墨儒之是非")。然而,是非彼此转入对方,交换立场:"是亦彼也,彼亦是也。彼亦一是非,此亦一是非。"[1]结论是,智慧就是不再依赖那些片面性的敌对立场,而是走出那种没孕育力的对立,经由它们的"齐"而凸显出它们根本上的共通(由此生出这个既非相对论亦非怀疑论的观念,即使借用了与它们近似的论证)。

虚位以待: 双方向对方做同等的开放

这就是通畅的"道枢",让人自"圆中"出发而平等地转向任何一边;向两边开放,以应无穷。此亦贤人的"虚位以待"(dis-ponibilité),用"打开"(dis-)固定位置以走出对立的立场,通过使(内在性的)内在逻辑回到每一个"然"(ainsi)去回应双方的要求:根据"贯通道理"(co-hérence)的"一起(共同)"(cum),并用心开放,摆脱是非、善恶,以便一起捕捉(com-prenant)每一个"然"如何"自然"地成为其所"然"。

---

① 《庄子》"齐物论",郭庆藩版,第一册,页66。

- *中国于此走出了神义论所安置的西方拓扑论（topique occidentale）*

当我在上文中，按照"减少恶—吸纳病痛"（réduction du mal-résorption des maux)的多样性准则，将中国安置在智慧棋盘上的某个极端格子里，我也许还是太匆促地让步给平行性的幻觉（illusion du parallèle）：这是因为我根据我们的拓扑论（topique）来整合间距。确实，在互相漠视的文化脉络之间，间距只能通过渐进的"去同化"和"重新塑形"（par désassimilation et reconfiguration progressives）才可探照——此处它必然是来自过程：我们经由核对而凸显出一边（un bord）以做成参照点，随后越出它（le déborder）。让我们越出我们的神义论所做的使恶对善的依附。与其邀人们将恶拉回到作为善的阴影的地位（因此既没存有也没实质），或者与其说明恶、死亡、痛苦如何在生活绘画当中找到它们的位子因此是属于生活的合法部分（这是组成希腊哲思的"部分—全体"的关系），中国道家哲人庄子则分解了相反二项。

庄子将相反二项纳入持续过程里，使过程更新无穷

庄子使相反二项彼此敞开，将它们带到它们的无，他就让它们相通，因此绝不会丧失全面性（中国人的对立比较是全面和局部之间的对立）①。生死之间不可分，生乃气之聚，死乃气之散，"故善吾生者，乃所以善吾死也"。同理，历史上向来颂扬尧为贤君，指责桀是恶主。庄子说，最好善恶两忘，死生善恶与变化为一，生以"化"不断而成②。

---

① 《庄子》"齐物论"，郭庆藩版，第一册，页70。
② 《庄子》"大宗师"，页242；参看郭象的注解，页243。

我们因此不必改变自己的信仰,将眼神转向另一个世界(天国或理型世界),以求在那里发现今世所缺乏的和谐。而是,只要使相反二项从其各自排他性的定义里解放出来,我们就不再受它们任何一方的缠累,而"逍遥游"于其间,"游"便是智慧最单纯的主要用字。

● "游"与存在;"逍遥"或悲剧

游于生活(贤人"游于道",如"鱼游于水"[①]),这与哲学从宗教出发而悲剧性地强调的存在(exister)相反:因为在"游"当中就忘了某个"被投出的"存有者(un être jeté),也忘了他投往某个目的(sa projection vers une finalité),亦即"往……存在"的"往"(ce *vers* (zu) de l'être vers)——海德格尔认为那首先是"投往死亡"的存在——在穿越生存的时候取得某种意义。有关相反对立二项,反面性从它们的定义的里面抽掉定义呈现如堵塞的以及限制的事物,或者呈现如定义所凭靠的事物,我们之后就能按照《老子》的说法"为无为,事无事,味无味"[②]。

"为无为"

我们既不用放弃而不为,也不必非要达到既定目标而为;或者,我们不让自己受限于确定的味道(这种味道或另一种味道),我们任"淡"发展,因淡是尚未分开的味道,处于味道分开(甘/苦,咸/甜等等)的上游,我们因此自在地"游"于无穷延长的品味(savouration)。"游"就是虚位待物用以解放所有的指定的动词:不再"是非"(这会造成立场鲜明),而是如庄子所说的"寓诸庸",使其与他者"通",通就

---

① 《庄子》"大宗师",页 242;参看郭象的注解,页 272。
② 《老子》,63。

是"适得"(con-vient)。庄子表达存在的非意义当中所流露的怨言，犹如人性共享的呼喊，超越了多元的文化和时代，此刻并没因承载意义与启示的某个新讯息之打击而遭到压抑，该怨言在只让相反二项彼此敞开而瞥见的—足够的—贯通道理的作用之下消解了。

● 黑格尔的"超越"或道家的"化解"

不论是"上德"，因"不德"——说得出的"有德"或者定义上的"有德"，或是"无味"（淡），因其不让众味道互相排斥而更能叫人品味，此刻，反面性在自身里面克制自己不让定义与自己相合，它就使定义免于自我深陷而萎缩。反面性也使定义走出了与其他的定义对立并排斥的情况，因此让定义在自身最深处重新找到那不为人注意的贯通道理，这是使定义和谐地开展的道理。道家思想认为相反二项既关联又可互相转化，它此刻与黑格尔的矛盾论并肩同行（类比自此而出），但并不相遇，是什么阻碍了道家思想发现黑格尔式的矛盾论及其孕育力呢？在相反对立最初之处就出现了分歧：我们注意到中国这边"缺乏"强调某个"自我—主体"(un soi-sujet)，这个希腊文所说的"autos"，相反二项的每一项就是靠该"自我—主体"脱离彼此生成(l'engendrement réciproque，亦即一方必须有另一方才能成立)，以便提升到它自己的本质，"le Selbst"，既是"我"也是"同一"(à la foi le Moi et le Même)，即"自我性—同一性"(ipséité-identité)。中国因此没构想黑格尔式的在"自我"之内反对自己，或者自我反对以便成为自己；没构想有关自己的每一种定义就是它的第一反面性(sa première négation)，而且这是自我要否认的反面性，为了从实体地位(de substance)提升到主体地位(en sujet)。我们可反过来顺道使那个可能让该间距未被察觉的事物合理化。我在上文中曾将"阴而阳"

（按照"而"这个虚字既表示"但是"也表示"以至于"）翻译成"阴到了极端就导出阳"，而没译成"变成阳"（qu'*il* devient *yang*）。同样的，中国也在"存有"（l'Etre）之旁走过，没有构想本义上的"生成"（le devenir），由于这种生成只能在存有的阴影之下才可构思，生成乃与存有对峙（希腊文：einai/gigensthai；然而中文说"易"（changer），"变"（modifier），"化"（transformer），这些词汇都指示过程）。因为"生成"的想法当中矛盾地而不可避免地存着必要有一个主体（一种性质）的要求，它必须向自己死去而离开自己（de-venire）才能存留。

• 进步/过程

我如是地跟随那些平行发展的思想，而得出至少三个解释性的结果：（1）中国想过用化解（和回到"无"）去解决相反二项的对立，而不是用超越（超越正反项）去解决该对立。（2）中国想过以回到根本而产生智慧的泰然自在，而不是用一种为了绝对而自我撕裂的绝对悲剧（按照伊朴利特所喜欢的黑格尔提出的基督教化的诠释：上帝只能道成肉身以体验人类的死亡和命运，才能克服它们而成为灵）；中国想过的，不是（历史上的）进步而是（自然）多元变化的过程，即变通。（3）中国后来必须在西方寻求它理论上的现代性（毛泽东借用了间辩法的矛盾论以思考革命，虽然他一路做来倒又回到中国的相反对立）。

• 相反事物的操作性使自身导往反方（老子）

中国倒是很有兴趣在操作上应用相反二项以开采其资源，《老子》是这么做的第一个例子。既然智慧（或策略，它们有相同的逻辑）要在二元对立之下勘察出一方如何依靠另一方并逆转到另一方，与其直接指名"此"（ceci）作为目标，倒不如将自己安置在自身的反方上，以便经由变化过程逻辑随着局势改变而将它往反方承载。正如我们都知道，事物的每一种定义总是往另一种定义变化的："局部"往"全面"，"曲"往"直"或"洼"往"盈"，因此不必一开始就要全面的直或盈（假如这样的话，它们只会自我瓦解：变得四分五裂—弯曲—掏空自己）；而是从局部的、弯曲的或洼空的阶段出发，任自己被带往满盈[1]。或者，与之相反地，《老子》继续说，"将欲夺之，必固与之"（"固"，就是根据它的内在性逻辑）；或是，"将欲弱之，必固强之；将欲废之，必固兴之"[2]（王弼注解说，如要推翻暴君，惩罚他是不会有作用的，让他往下走，他会加速自己的崩溃）。我们就能后其身而身先，其他的人会自己来求我们[3]。

以退为进： 矛盾或导向反面

在我们看来只不过是一种多多少少勉强的论述步骤之下，要发现"微妙的思考能力"（subtile intelligence），这不是矛盾间辩的微妙的思考能力（就是说，从柏拉图到黑格尔那种通过论证操作而成的），而是"策略上的反向操作的"微妙的思考能力（celle, *stratégique*, de la *contra-duction*）：不是在语言层面上而是在行动上操作，——或者说，"诱导"（in-duire，是"ducere"而不是"dicere"：好比我们说"in-duction"）。《老子》便如是地从相反二项的关联性推论出反向诱导出效益之可能性。因为"反者道之动"[4]（势欲反），所以功效就不是直接对准作用——这种做法总是耗费昂贵并有风险的，牵涉了冒险和花

---

① 《老子》，22。
② 同上，36。
③ 同上，7。
④ 同上，40。

费——，而是炫耀缺乏势（或炫耀洼势），以至于它要求被填满；又因为这是诱导逻辑从己出发去操作，它的"功能化"（fonctionnement）"温和"地活动着，我们就不会被强迫也不会冒险去引起反作用。

• 革命式的间辩法，与政治策略对峙

所有的伟大政治家，不管以什么方式，不都知道该道理吗？我们引用邓小平的例子，以避免只举毛泽东为例。邓小平知道，文化革命之前与之后，在革命推动力衰竭之后，便返回到那不可避免的经济性逻辑。或者，戴高乐（De Gaule）退隐到科仑贝，等候政党政权的无能越来越严重，严重到容许宪法可以变更——而不是任自己沉溺于权力当中而萎缩。然而我们不得不承认，欧洲并没因此得出这个理论：亦即伟大人物不会是那位自我往前推，一开始就面对挑战并强制别人接受他那具有功能性的主体（fonctioin-sujet），这会使他那主动者的权力让他值得披上荣耀（但是也会使他因行动而疲惫，他的行动消耗他的精力并引起人们对他的抵抗）。

做得使势来求我们

伟大人物比较会是那位懂得适时地低调地隐退，就像《老子》里的贤人，以至于当局势的众因素因耗尽而转向，变成对他有利的时候——反面性的动力作为承载的因素——，势就来"召唤"他（l'appeler）。

十一

有推动力的反面性/使瘫痪的反面性

● **重要的转变：因反面性而进步**

最终，一切就围绕着"反面性是动力"的观念发展；之后，思考便围绕着最严格的要求而环环相扣地联结。我们自此将该思想从（中国人很早就观察到并开采的）策略应用转移到（制造欧洲的现代性的）理论建构。于是，矛盾合法化了，但不局限于显示反面性如何参与万物发展过程，还在每一种贯通道理的内部发现反面性具有相对的正面性。

黑格尔的想法能力无穷："自我不相等"（l'inégalité de soi avec soi）使自己超越自己而将其提升为主体（sujet）

黑格尔的间辩法在其革命式地引入大写的历史的时候，借由反面性而迫使人们与神义论长久以来毫不移动的宏大传统断裂：反面性经由被定义的事物内部的不相等(l'inadéquation)阻碍它们满足于自己的"现在"(leur être-là présent)并使它们脱离自身的孤立—固定(isolement-fixité)，反面性因此是它们生成变化过程的动力；此处，反面性的中介功能显如正面性的核心。我们回到黑格尔的起点，甚至再次提起他的用语，因为他的历史间辩思想从此之后离不开"经由反面性来进步的问题"。根据他的正反间辩法,每一个定义是用"反面的反面(否定的否定)"(la négation de la négation)做出的,我们都知道,那个"反面的反面"实际上只能用彼此对立才可定义的;(间辩法的)反面性就重新打开了定义自己当中所否认的对立方(他者)。由此让定义发现它无法自我满足,或者发现它里面含有"它的他者"(son être autre);黑格尔便通过定义自身使定义脱离自己,将定义承载到它的之外。黑格尔警告过,那种自己与自己不相等(inégalité)或者不相合(non-coïncidence,德文:Ungleichheit),也是自己与它的客体的不相等,这很快就被看作某种"缺失"(manque,德文:Mangel)①。自我的不相等正是首先如缺失一般地被感觉到,不论如何,那是痛苦的——就如黑格尔所说的,哦,反面性的"痛苦"、"忍耐"及"工作"!——但是就是这种自我的不相等逼自己不得不脱离自己以求进步,它因此基本上是有孕育力的并使人得益处的②。只在这个条件之下,"主体"才不会(因与自己相合)自我局限于静态平板状态而无孕育力的实质里;主体否认自己或者与自己矛盾,它否认自己以便重新找到自己,它就自我提升为永远不会是现存不变的主体(en sujet, qui n'est jamais ce qu'il est)。此后,唯一绝对的是"不安"(inquiétude),按照"不安"的具体意思,亦即在己身之内不安息(celui du non-repos en soi);生成变化就由此敞开了。

● 从中国的观点来看

我们承认黑格尔的功劳,他阐明了反面性如何用自我内在化并

---

① 《精神现象学》(*Phänomenologie des Geistes*,"Vorrede", op. cit., p. 28—29)。
② 同上,页14—15。

自我反思而变成"自我建造的运动原则"（principe du mouvement（das Bewegende）constituant le Soi）。然而，与此同时，从中国出发去反看欧洲的时候，我们能忽视黑格尔所援引的种种时刻是来自建构欧洲理性的一些特殊理论选择吗？中国思想最根深蒂固的折叠之一是，避免与世界有任何断裂，并且致力于与世界和谐，亦即"连于"世界。

自我意识里反面性的内在化（以及进步）：1.欲望所否认的外在世界；2.遭受否认的另一种意识；3.以"受封为圣的是永不改变的"为名义，自己否认自己

黑格尔就反面性的运动原则提出了三种层次的否认：（1）自我意识发现外在世界是它的欲望，因此实际上不是要被尊敬的而是要被消费并否认的，自我才能用否认世界这个外在他者以建立"我与己"特有的一致性。（2）随后（按照自我意识发展过程里的"随后"，即类似主体与客体关系当中的意识发展），该"他者"孤立地涌现，但是，不以作为互补的反面伙伴（即中国的阴阳相反相成）而融入一种特殊功能性的关系里，而是好像在"己内之己"（comme le soi en soi）一般地在己之内自我反映；反面性于是变成了他者另一个意识（l'autre conscience）的（活动的）他者，这个他者意识的"己"要求被认可，它只在为另一个他者存在的时候才能为己存在，因此它必须冒险否认自己的当下之活（la propre vie, immédiate, du soi）——这是正反双方彼此的要求。在己之内由此生出两种意识之间你死我活的斗争（但是，这个阶段不会脱离整体的间辩法），导致役与被役的对立，这样的斗争从此之后便在每一种意识里自我反映。（3）这种时刻在文化上会更凸显，就是当人们假设有某个神圣化身（譬如道成肉身的基督），以便为意识在面对其自身的时候提供媒介而使意识感受到"己"的空无(le néant de soi)：因为反面性乃被安置在己的内部，并使反面性与己对抗，每一种"己的意识"因两层化(se dédoublant)而变成一种断裂的意识，此断裂意识把(作为最高的)永不变者(l'Immuable)抛到在己之外而且否定它自身，它在面对该神圣化的永不变者之际，把自己安置为最低的(inessentielle)，此乃"深感自身之苦的意识"(la conscience malheureuse)[1]。它如是地牺牲其主体性，以便自我提升到"己"；它就从否定自己当中与自己调和[2]。

● **黑格尔的自我意识运动可以跟欧洲历史变迁分开吗？ 例子：中国曾经发展某种不幸意识吗？ （或者说，中国人的不幸意识具有完全不同的结构吗？）中国难道因为不知道"用自己否定自己"的运动，所以没在理论上发展现代性吗？**

黑格尔的《精神现象学》所产生的问题是，该理论将欧洲人意识的特殊生成变化，用一个在逻辑上具有普世性的模式呈现如"一切的经验"的经验；但是我们无法使该意识脱离希腊城邦形成的历史（发现人们是如何争取自由的），无法使它随后脱离罗马帝国（设立了法律上的普世性），或者脱离犹太教和基督教（两者轮流地挖深人与世界这个"之外"的分离并开始与"之外"和好），又无法使它脱离对抗信仰的理性启蒙，等等。黑格尔将反面性的那种操作母模转用到历史

---

[1] 作者解释说，此句里的"inessentiel 的自我意识"，乃对比于"essentiel 的永不变者"，重点强调"最高的"永不改变的神，和人意识到自己面对神的时候是"最低的"这种否定自己的反面性。所以译作"最高的"和"最低的"，而不是"本质的、根本的"和"非本质的、非根本的"。"La conscience malheureuse"指的是，人意识到自身内在那种要用否定自己以求与自己调和之苦。（译者注）
[2]《精神现象学》，第四章。

观和文化观上，好像其他地方的文明没与欧洲文明"平行地"变迁演化，或者好像除了欧洲之外，历史在别处很早就停止了，并且世界只通过欧洲这条道路才有了命运①。这条如此漫长的"反面性—中介"（négation-médiation）道路，强迫放弃原型的美好当下性（原型的，就是自然的：亦即那建构希腊人幸福的"美好伦理实体"②），因而向所有的人敞开；该道路由（希腊人的）怀疑论出发，被希伯来人的流亡大大地挖深——借由否定自己来调解自己，或者用反对自己来超越自己——，以至于理性在其"绝对知识"（le Savoir absolu③）进展当中不断地使自己变得陌生以便重新找到自己，自我异化以便自我克服以生长（自我"播种"sursumer（aufhebt））；它在不停的自我逃离当中变成"如其所是"："理性"，总是自我否定的理性。

● 与黑格尔主张的反面性相反的，有一种不可回收的反面性（绝对负面的反面性）吗？

我们自哲学最初阶段就被（仍然到处散列的）神义论的调和姿态承载着，现在由黑格尔在逻辑思辨上统一性地带往这个想法，亦即把反面性的地位想成全然融入生成变化过程里，由此生出一切的进步，随后生出每一种正面性。然而我们可能忘了问这个或许一开始必须提出的问题：有一种不提供"服务"的反面性，那是绝不可能正面的，那是彻底反面的——一种百分之百的反面性吗？我们很早就知道，

---

① 有命运，指具有历史性的，是独一无二的并且是必要的。（译者注）
② 原文：l'immédiateté heureuse de l'originel (du naturel；celle de la belle substance éthique constituant le bonheur grec)。（译者注）
③ "绝对知识"是黑格尔正反间辩论最终会抵达的境界：此刻，正项与反项达成合项，黑格尔称之为"绝对知识"。（译者注）

彻底反面的反面性不是死亡（没有死，我们可能不会意识到生），也不是乱、痛苦、疾病等等（没有它们，我们可能不会感受到治、安宁、健康等等），也不是经常被指责的战争（大家都知道战争使人们在面对敌人的时候重新产生内部的联合），甚至不是恶（必须有恶以激励善），等等。人面对耳聋的上帝不停地控告上述的那些灾害，神义论倒是长久以来就把它们安排到那使画面和谐的整体性构图里——亦即宇宙整体体系——而使它们具有正面性，神义论甚至为它们在此发现了一种目的性（une finalité）。虽然我们个人面对神义论会有抗拒（这抵抗现象是以个人事件的方式呈现的并且具有个体存在性的任务），神义论因此可能无法完全说服我们，但仍然至少保有所有生物当中一种互相依赖和合取（une dépendance et conjonction）关系，因而使恶疾与灾害得以合理化。假如那是关乎一种不可回收的反面性，它就毫无疑问地极其隐秘、微妙，潜伏隐藏着，我们甚至没察觉到——否则，神义论这部合理化机器就会对它下过工夫——。我认为我们正是在黑格尔主张的反面性（我必须先重述该反面性的要求）的背面开始观察出那种不可回收的反面性，它不再被掩饰成动力，因它是使瘫痪的因素（paralysant）。

叫人沉溺萎缩并使人瘫痪的反面性（un négatif enlisant-paralysant）

那就是当某个定义因不再受其自身的反面性琢磨而不再痛苦地脱离自己以便向它的反面他者敞开，当定义反而舒适地固定在自己的特性里，深陷在自身当中而硬化、物化了的时候，它的反面性会变成使瘫痪的因素。与合作共事的一提升的（但是撕裂的）反面性相反的是，溶解的一墨守成规的（因此是使缓和无力的）反面性，后面这种反面性是某种枯燥无聊、睡着的、变得平板的正面性所含的负面性：此刻只因平板就出现萎靡。或者可能出现的情形是，该反面性的确卷缩深藏得很好，那可不是藏在某个多多少少恶意掩藏的兽窝里，而是藏在已经不再撞击而陷入其自身的理所当然的事物当中。

● 墨守成规（今日的法国？）

因此更值得细察该反面性并描述它，的确，此处的反面性不再凸显，而是和平地埋于事物当中而不喧哗。矛盾论的反项，以通过中间项而产生张力，并由自身激起某种变化生成；但是使沉溺萎缩的反面性则逐步减弱布局的张力而使它失去活力——它用"因循守旧"使布局失去孕育力，因其内部的变化生成被卡住了，可能性也减少了。这种反面性使结构呆滞而自我关闭，使它变得毫无生气。

"持久"所产生的硬化作用

因为能力一旦于其内部自我巩固而不再冒险的时候，它会离开自己。消解紧凑化，这本身已经是某种腐败，这就是一种"静止"（stase）①性的反面性，或者更糟糕，"停滞"（stagnation）性的反面性。不过，由于该过程持续不断，同时经历沉积和侵蚀，甚至身为主体者都未察觉。我们也不太知道如何捕捉该过程，我们确实很少想过要质疑"久"（la durée）或是我所谓的"持久"（la duration）的单纯作用，这作用好比"默化"，明显地是用深入陷入而进展的。

累积的反面性之猛烈返回，或渐进的逆转

假如该反面性没突然强烈地扑回来，我们很可能会忽略它。它

---

① "静止"（stase）是中性用词，表示一种不动的状态，"停滞"（stagnation）则是具有负面性的用词。（译者注）

零散累积的情况会猛烈地甚至爆裂地把它丢回来,重新逮住我们(此乃众所周知的反面性之"返回"效应)。或说,它总是隐秘而不出声地逆转到它的相反项里,就如 20 世纪出现的重大经验:譬如,革命在巩固之后就僵化了,而逐渐转化成专制反动的结构,因而变成压制人民的来源;又如,解放劳工阶级的工会运动,因制度化而变成具有固定利益的行会主义,等等。

● 欧洲的小说

很多小说都描写情人之间那种渐渐渗出的"变化":两人之间有时候出现沉默,这情况不再来自沟通而是来自模糊的尴尬。他们交谈的句子让人看得出他们不再亲密,他们的句子不再有同样的默契感,有时候两个人甚至没什么话好说,即使一切看起来"一如往昔"——恋人的动作姿态需要刻意强调,某个事物在该强调之下却缩回去了。此刻,他者(另一半)某个讨人厌的部分出乎意料之外地显露,突然,他们之间所交换的言语苛刻得令人讶异,两个人就毫不保留了(请参看《安娜·卡列尼娜》,布托尔[①],等等;那难道不已是《蔷薇物语》[②]当中从彬彬有礼的爱过渡到布尔乔亚阶级的爱所呈现的逻辑吗)。此处不是针对"主体们"做出道德教训,也不做心理分析,因我们使用这些语汇甚至都会犯错(譬如,对方很"自私"或者对方个性的

[①]《安娜·卡列尼娜》(*Anna Karénine*),是俄国作家托尔斯泰于 1874—1877 年间写成的小说,一般被认为是写实主义的经典代表。布托尔(Michel Butor, 1926—),法国作家,1957 年出版的代表作《变》,是他探索时空的里程碑。(译者注)

[②] *Le roman de la rose* 是一部欧洲中世纪围绕着寓言之梦的韵文作品,共有 22000 句的八音节诗句,由基洛姆·德·洛利思(Guillaume de Lorris, 约 1200—1238)在 1230—1235 年之间写成第一部分的 4058 句诗句,再由让·德·梅恩(Jean de Meung, 约 1240—1305)在 1275—1280 之间完成第二部分的 17722 句诗句。(译者注)

某一个特征——因为这些用词表达的顶多只是一种后果）；我们此处甚至不可使用人们平常说的那句有名的"时间的磨损"，把它用成如在万物变化当中那个微小的但具有超越性的世俗化形象（即"老化"），因为"时间的磨损"这个说法本身因其过分地描述而显得太主动，并且略带神话色彩（代表"时间"的是吞噬自己的孩子的克洛诺斯①这个活动力很强的形象）②。黑格尔确实看到了那种会使人沉溺萎缩的反面性，但是他也把该反面性描述成"使渐渐化成碎片"（émiettement graduel（dies allmähliche Zerbröcheln））③，他的描述方式还太外貌性、事实性的并机械式的，而不顾该反面性原则性的结构。那种描述方式好比：下午三点，太阳深入天顶，万物深嵌在各自的"在那儿"（être-là）；光线平铺，枯燥无聊已渗进来，沿着墙壁爬行而使人陷入其中，世界打着呵欠：这样的世界只能等到夜晚来临而产生愉快的改变才（为人们）获救。

- ## 与潜伏的反面性相反的：欢庆（*la fête*）

这种使人萎缩并磨损人的反面性，因它向所有的方向铺开而叫人更察觉不出，人们一般没注意到它。既然我们无法使它发挥作用，我们必须铲除它；为此，由于它自闭于其合法性里，我们不得不对它施暴力。为了脱离事物的定义深陷其中的不通畅，并且没有任何自

---

① 克洛诺斯（Kronos），希腊神话里的神，是宙斯的父亲。克洛诺斯为了避免他的孩子反叛他，就吞噬他们。他是活动力很强、伤害力很强的形象。同一个希腊词也表示时间，这也是为何人们认为时间磨损消耗人的青春，使人衰弱；时间就如活动力很强的克洛诺斯。（译者注）

② 关于这个主题，我在《内在性的形象》（Paris, Grasset, 1993, p. 118 *sq.*）以及在《论"时间"》（Paris, Grasset, 2001, p. 90 *sq.*）两本论著里作了深入的讨论。

③ 《精神现象学》，"Vorrede"。

我否定(亦即来自定义本身的否定)来刺激该定义脱离这种困境,必须有"突发事件"(événement)①从外面突然来临地做出大胆放肆的"撬开"(effraction)②。事件就相继地出现,在众多可能的突发事件当中有欢庆(为了使社会结构不萎缩),或者暴动(为了使政治结构不萎缩:法国1968年5月(mai 68)是一场暴动而不是革命),或是性高潮(或者吵架:为了清理配偶结构),或是醉酒或过度吃喝玩乐或欢乐或疯狂("挥霍":为了清扫心理结构)。这些表达形式之间会互相转变,然而受苦受难多于宣泄。确实,它们都是以祛除那种长期累积的令人萎缩的反面性为目的的仪式(比较不是看起来似乎是过度冲动),决定性地打断正在发展的侵蚀磨损,并且清洗(排除)因持久而固定下来的瘫痪状态。多少人类学家不都通过其所研究的文明的多样性而作出相同的观察结果吗? 那就是古代的欢庆远不如人们所以为的非理性的宣泄,多多少少因滥用而倾向于不道德和罪恶;那些欢庆倒是具有调节规律的功能,就是用暴力去摇动时间长久之后所导出的缺乏活力。我如果把上述那些纷杂而显得不能控制的表现视为仪式的话,这是因为不论那看起来是它们多多少少自发性的内部动机,它们对我而言似乎是生命力的狡猾之举,为了重新侦测到那种逃离我们但同时瓦解我们的萎缩。从那些欢庆、暴动、性高潮、狂欢等等的表现出发,我们就可以重新组织故事,援引善恶来展开戏剧张力,使主体发挥作用,让自己感兴趣:我们就看到,再一次有某件事冒出来、断裂、凸显。

---

① 中文一般把法文的"événement"译作"事件",其实这个译词与原词含义相差甚远,因为该词表示"一件突然涌现的前所未闻的事情"。由于找不到更合宜的译法,只好沿用"事件",但随着上下文的需要会加上说明性的词。(译者注)
② 如"破门而入"式的"撬开"也是主体表达"自由"的基本方式。(译者注)

● 经由精神分析：反面性在心灵（psyché）上的作用（远离道德邪恶论）

当我退后几步审视精神分析的时候，它似乎也见证了上述那两种反面性：动力性的反面性（un négatif moteur）和使人瘫痪的反面性（un négatif paralysant）。我认为此处提到精神分析是有用的，因为它为我们发现了反面性的某种新景象，并且给该景象新名称：不再按照神义论那些差不多稳定的清单而叫作不公义—战争—诽谤—错误—恶行—罪恶—后悔—痛苦—死亡，而是只在疾病之下挖深精神分析所看到的忧苦或抑郁、心理创伤、焦虑不安、挫折，或者用更技术性的词汇：压抑、抵抗、神经（官能）症（譬如，"反常"这类型的反面性）、分裂、死亡冲动、重复性强迫；或者，更特殊的情况，明显地（在语义上）注明反面性：否认/压抑/自我克制（la (dé)négation）、排泄（la réjection，指权利丧失（forclusion，德文：Verwerfung））、否认（le déni）、取消投资（le désinvestissement）。还有，无意识（l'inconscient）这个字当中的"无"（l'in-）远非表示不存在的空无，它使我们想到道家的"无"，它邀人沉到那产生每一种形成的最深之处，也就是回到作为所有过程的基源之上游。在这个例子里，很明显的，那是关乎反面性而不关乎恶；反面性的观念，精神分析使它更根本化（radicalise）①，同时为它举出例子。这是因为：（1）精神分析所采用的观点是"过程性"和"用"的观点，而不是要求人有作模范的义务的道德性观点。（2）精神分析不是用二元对立的排他性来思考的，它是

---

① 此处的"radicaliser"（名词/形容词：radical）乃按照该词的具象意思——"在最根本之处"来理解的，而不是一般的"激进"，因为精神分析探索人心理最深层的情况。（译者注）

用合作或互补或妥协的两极方式来思考的，不论如何，该两极总处于持续的互动当中，此刻，其逻辑是一种整体性的经营（une économie d'ensemble）：首先就在意识与无意识之间，或者在"是"和"不"（entre le oui et le non）之间（从孩童时期起，为了能对自己说"是"，必须对对方说"不"，包括理想化的母性对象），或者在死的冲动和生的冲动之间（譬如在升华过程当中）。(3)精神分析是通过使反面性概念化来与它之前的心理学切断关系，不论关于梦的解析（从压抑出发）或关于守丧（travail du deuil），一旦不再只是关乎失去亲爱之人的痛苦慢慢地消减而已，还关乎主体活动的内在过程（在这点上，众所周知，人会指责该死者，直到把他"杀"了①）。

● （被压抑事物的）返回、逆转（爱逆转成恨，等等）

我们一般会看到，反面性所应用的返回（retour）与逆转（renversement）这两个意象合理地在精神分析里重逢了并且配成一对。同样的，我们也看到，在某个情况里不为人注意而累积的反面性，之前被该情况吸纳，会不可避免地返回，并且经常是意外而粗暴地返回。此刻，我们必须有心理准备，将看到被压抑的事情会在人心里以病症形式返回；这是由于无意识的内容是不可摧毁的，被压抑的事情是永不消失的。此外，冲动的特点之一是，它会逆转成它的反面（譬如，虐待狂会逆转成被虐待狂，或者爱逆转成恨，等等），正反二者是如此紧密相连，以至于人们不可能把它们分开来描述。佛洛伊德在探索升华的过程时，就以正反合的方式从性欲冲动力量升华的想

---

① 根据作者解释，守丧的人只有把已逝者"杀"了，才能真的脱离失去那人的痛苦。（译者注）

法,过渡到为敌对的冲动力量服务的升华的想法,就是说"生的自恋"(le narcissisme de vie)升华转化成"死的自恋"(en narcissisme de mort)[1]。

甚至在冲动内部的反面性（黑格尔与精神分析的汇合点）

佛洛伊德自 1912 年起,在他对恋人心理的研究当中,他发现冲动远非纯粹正面性的,并且反面性甚至与冲动的运作原则相连,因而独立作用于压抑的功能之外;此刻他确实碰到那种位于矛盾核心的反面性,就是说,在自己里面凸显他者。佛洛伊德不得不承认,即使他之前不太分析它,性冲动受到它内在的某种因素的影响,以至于性冲动禁止自己得到完全满足[2]。

● **反面性不只是从外面加以强制的限制, 还从里面反驳存有（黑格尔反斯宾诺莎）**

这一点对我而言具有关键性,因为它顿然凸显出一种反面性,这反面性与其单单来自事物和外面力量之间的冲突,倒不如兴起于某种内在作用,该反面性甚至是那个冲突的源头。不论如何,此处,我们回到黑格尔理性上论证的温床;我们同时也回到黑格尔所提出的间辩逻辑,这种间辩逻辑离在他之前的理论立场很远(那是某种哲思,尤其是斯宾诺莎的思想所全然投入的),黑格尔的正反合论证主张与那些立场切断关系。按照黑格尔之前的论证说法,正面性具有原则性的不可变性(inaltérabilité),并且反面性只是某个现实之可计

---

① 安德烈・格林,《反面性的作用》(André Green, *Le Travail du négatif*, Paris, Ed. de minuit, 1993, p. 303)。

② 同上,页 41、299。

量的外在界限,而不是在该现实的核心里有所缺失的标记。的确,根据斯宾诺莎所支持的知性逻辑,"自我矛盾"不算什么,危机、断裂或撕裂总是只通过外来的施力才能被拿掉,它们因此绝不会写入它们所摇动的事物的本性里(他的《论伦理》结语道:若非如此,"甚至在主体里面会有某个可能摧毁主体的事物,而这是悖谬的"①)。然而,最后这点正是黑格尔思想要阐明的,也是精神分析对我们说的,特别是通过精神分析的临床而让我们发现的关键性要点,这就是"自我矛盾"相反于那个总是将(反面性的)他者呈现为"外在的"(de l'en-dehors)再现的古典形象,以便叫人安心。相较而言,摧毁主体的不是外面的因素,而是那种基本上的(在更根本的层面上)自我否定(la négation de soi),这是"同一"(le même)己身所承载的,"己"也因该否定而自我撕裂。

● **精神分析的治疗工作: 将使人瘫痪的反面性变成具有动力的反面性**

如果每一个命运都产生于反面性的内部运动,那么既然反面性本身是双重性的,精神分析治疗的目的就只从使心理障碍的瘫痪性反面性过渡到为主体重新打开未来的动力性的反面性。换句话说,将一种反面性转化成另一种反面性,如同精神分析说它自己把无意识转化成有意识的。就专业而言,精神分析必须在临床上认识负面的、创伤性的反面性,尤其是当主体在重复强迫当中寻求安慰,而不是通过创造某个客体以克服"失去"这个潜在焦虑。主体因此在表面规范的背后被带到"硬化"和心理"瘫痪"——精神分析师使用这些语

① 《论伦理》第三章,页5。

汇,这些障碍甚至会危害到病人的生命(温尼科特①)。精神分析治疗上出现的反作用也可佐证,就是接受治疗而情况越来越好的个体,似乎喜欢受苦甚于喜欢康复。不过,精神分析也不得不同时认识一种逆向反面性,它使变化和制造原则(principe de transformation et d'élaboration)只在事后才发现它们的价值和影响范围(面对清除(évacuation),该制造(élaboration)是另一种可能性);它从压抑出发将人导至心理人格建造所必需的认同过程;同样地,在升华(sublimation)过程当中,反面性的工作就是把冲动里的性欲解除掉(désexualisation,就像众所周知的"反—性欲"(nég-sexualité))而使冲动可以提升到创造文化的境界。因此,弑父冲动可以超越个别命运而至少象征性地表示文明的奠基之举。在神义论里,每一个人有他自己的方式去请求上帝教导他"善用"(bon usage)痛苦和疾病,就如上帝引导病人有所进步。然而,当精神分析提出禁止规则而想在方法论上将反面性作成一种治疗的动力,精神分析也会在实践上准许维持抑制的压力,就是说不用替代物来满足欲望。佛洛伊德强调,这是"残酷地"(cruellement)强迫被分析者在他挖掘内心过程当中继续往前走。

- **"未言出"(le non-dit) 说明反面性的双向性:"未言出"的孕育力让人超越"言出"的**

当我们将心理全部的注意力量移到它在语言当中的表述时,或者将无意识移到"未言出"(le non-dit)的时候:两种对立的反面性——动力的或令人瘫痪的——便可昭然核证。因为说话当中的

181

---

① 温尼科特(Donald Winnicott, 1896—1971),英国儿童心理学家和精神分析师,其论著对客体关系理论有一定程度的贡献。(译者注)

"未言出"可以让人超越已言出的，而探索没被说出的事情，因此可伸向语言表达上所欲求的"言外之意"（débordement désiré des mots），将"言出的"开向它们的之外，并且扩展它们的作用：这就是"暗示（隐射）"（l'allusif）①的价值，此刻，"未言出"使言词涵义深远而令人易于感受（prégnant），"未言出"也让人听见那太模糊的、太微妙的或太隐秘的事情，使这些事情可束缚于某种形式里而被捕捉。如此一来，已言出的就被提升为"意思无穷尽"（infinité du sens）的指标或梗概。"未言出"和语言造成的僵化定义不同，它使言说的内部运动重新通畅；"未言出"具有打开藩篱的能力，随后就可恢复兴发和"通畅"（essor et fluidité），但是不再是以正反合的模式，而是以诗意模式，这不再是观念上的而是情感上的（plus de la notion mais de l'émotion）。

具有诗意的打开（déclôturation poétique）；中文诗

中国诗论家不停地颂扬那些"不著一字，尽得风流"的古典诗词，情在"文字之间"处处透露，同时"流出"和"照射"（émane et irradie）的古诗十九首。诗评家说，从触摸并列直到最微小的老调重弹，都能无穷尽地发出气氛和印象；气氛和印象属于道家"无"的境界，那是在每一种指定、圈定和限制的可表明的"有"的上游，因而是无穷尽的。因此对分离的苦味不说一字，但是每一句诗句应和了情绪的转折：首先是"行行重行行"的重复让人听见疲惫难熬；第二句所暗示的距离叫人听到无依无靠的孤寂；或是，腰带渐渐"宽松"暗示消沉沮丧；"蔽日"含蓄地叫人听到抱怨，等等。此外，这些话语才起动，读者便

① "allusif"有暗示、间接、隐射、隐喻、含蓄等意思，在精神分析上，"暗示或隐射"是比较贴切的译词，不过，在朱利安其他的论著里，必须依照上下文来翻译，譬如，根据作者的说明，他的国家博士论文书名：*La Valeur allusive*，就不适合译作"暗示的或隐喻的价值"，最好保留法文原词。（译者注）

保留感觉，一直到诗结束，该诗的主题"远超过诗句表面意思"①。说，总是说得不够多；企图说到底，则削弱说的能力，一开始就画地自限，说话完成了可是意思被扼制了（如同我们说："说过了。"意思是"说完了"，此刻没什么可再等待的）。反之，"未言出"这个含蓄状态却是阅读无穷深化的动力。爱情的"未言出"亦如是：吕仙（Lucien）②在南锡夏司特雷夫人（Madame de Chasteller）的客厅里不敢表白他的爱意，也许比较不是因为他所爱的人，或因遵从社会约定俗成，或甚至出于策略上的考量，而是因为吕仙要挑战那种没什么意思的平淡无奇的言词，他怕话一说出就会受限于平淡无奇；相反的，因为他克制自己不说出，或他只远远地隐射，一切就有征服力。

● 在暗示的"未言出"的反面："未言出"的压抑能力

然而，也有逆向的"未言出"，不是来自含蓄矜持而是来自犹豫（réticence），按"犹豫"的具体含义（拉丁文：re-tacere），就是说，凡是不能被说出的。只要我们不说，不再说，我们就被迫闭口。这不是（因超然而不可定义的）"不可言喻的"（ineffable），也不是（因太极端）不可表达的（indicible），而仅仅因为我们在眼前情况之下找不到捕捉点（切入点）或载体来说它。"未言出"不是暗示，而是受到约束，是压抑、有害的（致命的）：那拓展意义的隐喻所含的丰富性，于此逆转成那缠绕语言并使语言矫揉做作的逃避能力；亦即"未言出"不再是产生更多作用的源头，人与人的交流在"未言出"里变得虚弱而成了一

---

① 关于此点更详尽的展开，请参看 *La Valeur allusive*（Paris，EFEO，1985），以及 *Le Détour et l'Accès*（Paris，Grasset，1985），特别是页 202 及其后；至于该诗的评注，请看《古诗十九首》的第一首。

② 司汤达小说《吕仙·勒文》（*Lucien Leuwen*，1834）里的主人翁。（译者注）

种圈套,话语在四周不怀好意地游荡,避开"未言出"的威胁,甚至不敢揭发它。好像某种协同在潜压力之下默默地介入,以便达到放弃协议。这种反面性的"未言出"于其本质上既不是掩藏、不是省略,也不是言下之意(这些用词一般被看作是"未言出"的同义词),因为"未言出"并不指涉某种意图,(发动意图的一个主体或几个主体会直接为该意图负责),而是在结构上出于情况,情况默默地逐渐变成具有压抑性的。由于没有任何东西公开地显示情况的改变,人们因此不承认有所改变,情况就更使人压抑。在情况当中分散累积的"未言出"的力量会使关系动弹不得,我在同事之间看得尤其清楚,就是围绕着人们说出的话语那份厚重的沉默,他们即使啰嗦地说了很多话,也几乎没说什么;他们假装说话,但是只说约定俗成的话语——或者只是短暂地旁敲侧击地说。这种"未言出"是沉重的,事先扼制了人们可以说的话,用环境氛围来淹没那些话。恋人之间话语所过滤的事物毫无用处地流出,但是骗不了人的,此刻,心意不在了,即使表面上看起来没什么改变(譬如,在发尔内兹塔(la tour Farnèse)事件之后,桑瑟微丽娜和法比立斯(Sanseverina et Fabrice)于湖边的谈话情况①)。在病人的病床旁边,"未言出"的就是被宣告的死亡。同样的,政治上不可能公开辩论的话题越多而人们对这些话题显得更狡猾,具有实际作用的政治活动就越少而"民主"也更少。我甚至为每一个社群提出这个方程式:一个社群越是深陷于"未言出",它就越虚弱而越动弹不得。

---

① 司汤达的小说《帕尔马修道院》(La Chartreuse de Parme, 1839)里的情节。(译者注)

十二

恶之场景（la scène du mal）：僭越或固恋？

● 精神分析所作的转移：从恶转移到反面性；然而精神分析是凭靠欧洲理论想象而建立的

精神分析在欧洲文化里所导入的断裂，也许相比较而言，不是发现了无意识这块隐埋的新大陆，而是关于"已"出现的问题之无意识的潜在移位。精神分析不再从身份认同的角度而从功能性的角度出发去处理人的行为举止，也不再探问"应该如是"（devoir-être）而探索如何调节人的种种心理能力。精神分析因此不再为了把人从困境里救出来而去注意"恶"，除非那是由于人把社会所强加的道德禁止内在化的过程当中发生了困难（或者，出于纯临床性的痛苦和发病而出现的困境）。精神分析倒是伴随反面性的作用，试着根据该反面性转变过程的多样性及乔装，使它逆转到具有动力的反面性，或者说使它从瘫痪（paralysie）变成转化（transformation）。精神分析说过，会产生反面作用的压抑是不可避免的，那甚至对人欲望的建构是不可或缺的。不过，由于没有任何标准让人决定什么必须压抑而什么不必压制，我们有可能总是摇摆于患神经官能症和患精神错乱之间，我们可能总是过分压抑自己或者不够自我克制。我们没有别的办法，只能每一个人为自己，各自在压抑和不压抑之间摸索出哪一种对自己而言是最通畅的方式（viabilité，此处，我再次用了中国的"道"之"道通"（viable）①），重新使自我与自己的众多冲动之间和好。因此，精神分析使道德特有的希望悬置，甚至溃逃；不是因为文明极其欣赏人将冲动升华而创造出作品，我们就以为升华现象本身是比较好的——我们很可能会因此更加怀疑该现象。与此同时也有这样的吊诡：精神分析在它的理论性想象里，奇怪地凭靠欧洲的道德观。尤其是它通过"审查并压制"（censure）为欧洲道德观保留了一个司号命令和禁止的地位；同样，它也保留了先前是道德的并受到相反方向分割的自我（譬如"在邪恶与美德之间"的海格力斯②）的心理区域，虽然它一方面用"本我"（ça）的种种诉求并且另一方面用"超我"（surmoi）的种种命令这两种敌对力量来消除该心理区域的界限③；它仍然以冲突的形式保留了某种戏剧化，冲突自此被认为是每一种心理区域不可避免的建构元素，由于冲突没有别的出路，只有宛如"命运"的结局，即使那是"冲动"的命运（un destin de pulsions）。

- **僭越的恶（奥古斯丁）**

　　道德邪恶因此被搁一旁，可那场僭越和内心的痛苦纠纷的大场景仍然留下来，譬如奥古斯丁所安置的出色场景。当奥古斯丁告解他十六岁时跟几个同伴夜里偷窃梨子的时候，他同时也明显地描述

---

① "viabilité"（畅/通畅）来自"viable"（可通行的），它是"via"（道/路）的形容词。（译者注）
② 海格力斯（Hercule），罗马神话人物，亦即希腊神话里最伟大的半神英雄 Héracles（赫拉克勒斯）。（译者注）
③ 法文是"déborder"，表示去除框圈或破界限，使超出界限之外。（译者注）

世上乐园里偷吃苹果的一景。此刻，叫他感到惊讶的是，他偷梨子并非为了吃它们——他说，他拥有很多更好吃的水果——，而是"不为什么"，或者说只为了"僭越"（transgression）而偷："我想要取得的快感，不是来自被偷窃的对象，而是来自偷窃本身以及因偷窃而犯的罪。"[1]唯一的愉快就是违抗了一个禁令。他的"恶意"（malice）[2]是没有理由的，"恶意本身"是唯一的动机。简而言之，奥古斯丁所喜好的不是降级（堕落）的对象而是他自身的降级（堕落）（dégradation）。

"意义的问题"再次出现

但是好"恶"这个恶心的奇怪嗜好是什么呢？在这个本身是情有可原的恶行里，该恶行因没有任何借口以脱罪而显得罪更重，它因此是为罪而罪，就是说为它本身的伤风败俗而犯罪（总是追求"在其自己"，该追求将挖深欧洲思想）。奥古斯丁在面对只因为违反法规（拉丁原文：contra legem，为什么有这种愉快）就吸引他去做那个行为的时候，看到自己陷入"意义"这个不可避免的命题里。这命题使人眩晕，而他只有紧抓着"上帝是绝对的"想法才找到出路，就是，在他的恶行里瞥见他对造物主的自由与全能的一种"模仿"，既堕落又"反常"的模仿。很明显的，对上帝的引用，就协助他把自己摆成"我—主体"（Moi-sujet）——这是他的《忏悔录》在理论上所取得的主要收获——：他把自己梦想成万物的绝对原则和创造者，没有任何事物可以限制或克制他，他甚至避免了因果论，把自己想成变得像"上帝"一样的不可侵犯的"本我"（ça）[3]。

（页边：187）

十二　恶之场景（la scène du mal）：僭越或困惑？

---

① 《忏悔录》第二章，页4—10。
② "malice"有恶意、戏弄、狡黠等等的意思。（译者注）
③ 此处的ça指佛洛伊德所提出的"本我"（le ça）、"自我"（le moi）和"超我"（le surmoi）当中的"本我"。（译者注）

- *"我—主体"视角里谜般的恶*

西方——因为上面的观点确实是"西方"的——对那个一开始就被承认是一个谜的恶，仍然处于悬置状态；西方尽兴地挖深该谜以便抽取出人心理那令人着迷的剧场，它开采（制造）该剧场，不论如何，西方展开其无穷的复杂性，就如奥古斯丁所说的："那个最扭曲也最错综复杂的结。"他激情地追踪以恶的形象呈现的那个没有答案的问题，一直追到那连结意义和主体的形而上基底，该命题使人在诱人的空无（恶没有本质，它乃"缺失"（défaut））与上帝的绝对慈爱之间摇摆不定。这将是（从奥古斯丁到拉康）吊诡力量所发现并开采的西方论证的大场面，既是恶心的嗜好又是对枯燥乏味的饥渴（faim d'aridité）①，同时展开演说家的大能和戏剧性的紧凑——奥古斯丁精通此道。

过程视角里，恶在中国被想成瘫痪—固恋

然而，在这点上，对我而言，中国似乎没想过（没能想象）要制造那场心理大戏：中国不是用自由意志、抉择、诱惑、僭越（这些目的是要建构一个"我—主体"），也不是用探索意义问题去构想"不善"（non-bien）。中国从未停止思索人性，特别是中国文人思想形式化当中（公元十一二世纪的宋代），越来越将不善想成是过程性的问题，或者是"道"通畅不通畅的问题，所以是从一个纯粹功能性的观点出发并按照过程逻辑来思考的：用反义词来思索"不善"的问题，如"陷溺而萎缩"（enlisement）和"滞"（obstruction）以及因"不通"（non-

---

① "faim d'aridité"指的是修行生活需要避免感官的刺激，身处的环境越枯燥乏味越好，因为这可以协助人专注于精神修炼。（译者注）

communication)而瘫痪。为了思考道德的理想性，我在中国这边再次看到与过程运作功能相关的词汇，这些用词在上文中也用来识别出那种不合作共事的反面性，这种反面性因此是十足负面的。中国思维与违抗命令的戏剧场面相反，它把恶构想成纯现象性的"不进展"或"固恋"。

的确，中国文人说，如果不是我们的人性麻木不仁而且（面对临到他人之不可忍的事情）没感应了，以至于我们不再有感觉，那么道德上的恶会是什么？宋代文人（特别是程颢）有意地偏好使用医学性的参考：我们记得中医上的"不感"（insensibilité），甚至更贴近词的表面义："不仁"（inhumanité），指的是身体四肢的末端（手指或脚趾）变得僵硬而瘫痪，就是说，生命活力不再穿越它们因而也不再把它们跟身体其他部位连接起来①。然而，此处只是类比而已吗？我们（通过可感觉的方式）难道没看到，推动生活的"流通"（circulation-communication）的那个要求，在此岂非更清楚地呈现吗？不道德基本上也来自心与世界隔离而自我孤立闭守，不再让世界滋润它也不再与世界"交通"，心就瘫痪了，道德良知也会因此衰弱而沉溺于"不觉"和冷漠之中。此处不关乎恶意和为恶"之欲"——否则该恶来自何处？（除非在谜的诱惑之前让步，在这种情况之下，道德必须有某种形而上的基础），也不关乎邪恶欲望或戏弄意念；此处确实有"器官"瘫痪的问题（对孟子而言，心有"察觉"身体官能互为凭靠的能力，因此是"心之官"②），以至于当心不再连接于它所归属的整体的时候，它就无法发挥它的功能而萎缩了。

---

① 牟宗三，《心体与性体》，台北，香港，正中书局，1968，第二册，页218及其后。
② 《孟子》"告子上"，15。

● 回到过程与调节思维

如是,我们猜想得到,中国文人只能通过那承载道德观的整体视野的关系来发展在欧洲道德的概念化所分开的东西。中国文人探索宇宙的时候,不是用"存有"(etre)或"效能"(efficace)①,这些都是本体论和神学的词汇,他们是根据"德"与"道"两个联合的观念。他们因此没建构有别于西方的理想性,他们只坚持那形成每一个过程的因素,就是"在进程当中"并且向前行,犹如"天行"(cours du Ciel)这个更宏大的规模所阐明的,天的德性便是永不止息,因其不断地受到调节,受其自身的交迭运动而前进。同理,不过这个"同理"(de même)不只是类比而已(我们核证过),人的行为举止的功劳也在过程当中维持着,以便回应每一个当下时刻的要求,因此人也向"中"(juste milieu)敞开而在相反对立的两个选择之中回应必须"出仕"或者必须"退隐"、必须笑或者哭、必须救济或者惩罚——这就是贤人的虚位待物——,他绝不任自己卡在概念或七情六欲里,也不让自己受到利益的捆绑。

贤人的虚位以待

没有其他的道德规则,只有顺着万物的进程并与之并行(这就是为何没有"规则"(règle)而有"调节"(régulation))。贤人顺从那不被特殊的形式困住而反倒不停地生成并自我更新的"天行",他就不会困于任何特殊动机而任其内心萎缩,那些动机把他绑在局部性里,因而会阻碍他继续与宇宙全体交通(该全体是在它的一致性当中被看到的);贤人是乘物而游。对从注解《庄子》的郭象到像 17 世纪重读

---

① 此处的"存有"指哲学思辨上的存有,"效能"乃指基督教的神之大能,宇宙中一切的运作肯定出于神的大能的功效。(译者注)

所有经典的王夫之这样的哲人而言，表达恶的唯一说法，就是任自己萎缩而受制（Se laisser enliser-entraver），随后断绝了变化过程而不再交通了。就像我们说某人"不开窍（闭塞）"（l'esprit bouché），人们也会在道德上"阻塞不通"（bouché à la moralité）。我们必须不信任道德实质，甚于不信任形而上的实质。

即使美德都是固恋的开端

根据老子的思想，即使是看起来值得称赞的美德，当我们仔细观察的时候，那已经是固恋的开端，于是因其硬性而继续有某种缺失。一种美德与其他的划清界线而以此受到注意，它就丧失了全面性（这全面性容许美德本身有不可定义的完整性）：因为，取得这种美德而不是另一种美德，我们就已经开始让我们的行为在该美德里萎缩，而失去那使内心满盈的虚位待物，这虚位待物是唯一能使我们在宇宙进程的多样变化与满盈当中顺天道而行[1]。孟子给贤人的定义是，贤人臻至"大"（grandeur）的境界，但是不停在那儿，他不在大之中卡住，而是"大而化之"（transformer cela）[2]。我理解孟子不将那种可能是个人的"大"做成一个状态、一种品质，可以使人认出他并颂扬他，该品质便可用来定义他（孔子倒是"无品质"（sans qualité）之人，"无可无不可"[3]）。《老子》也说道："强为之名曰大。"因为那样的大也会只因人依恋它而使它那无穷推动的能力滞塞（obstruer），他的人格会变得僵硬并且他的干劲会减少。简而言之，这就是为何只要人被定义成"大"，他的能力就抵达终点而不再变化，不再前进了。

---

① 请参考《过程或创造》（*Procès ou création*），页120。
②《孟子》"尽心下"，25。
③《论语》"泰伯第八"，8。

● 西方以"行动"来建构，让人想到抉择与自由

一旦我们在人的行为当中剪裁出一个"行动"的形式，并赋予它统一性和素质，就像奥古斯丁在述说他的偷窃行为时所做的，我们就不得不公开地预设该行动的原因或动机是出于某个主体的意图，之后为了解释何为恶意而展开一场内心戏。此刻，非但内心戏的情节惊人的"错综复杂"，就如奥古斯丁所承认的，并且该戏本身不可空无内容，于是必须呼唤（消耗）无止境的戏剧化：譬如，牵涉了主体"自由"的"抉择"的戏剧。因此不论那些情节是否于外在呈现出来，它们总是在主体的意图里建造一件内心事件。象征性的亚当在吃苹果的诱惑之前让步了，他借由这个反抗命令的异议行动，突然发现自己被丢在那儿，赤裸裸的，"在外面"（dehors，按照"ex-ister"的字首"ex-"之含义），他感觉自己被遗弃而有问不完的"为什么"，自此之后追寻意义（人只找到一条出路，就是悲壮地自我安置成主体而高举人的意识的自主性[1]）。欧洲人的反思于是让人的思考可以从生活出发而抵达存在，就如我开篇之际所提出的人"从生活到存在"（de la vie à l'existence）。至于中国人，他们有关道德性则保留了一种养生的思考能力（但不是生机论）。他们思考了情欲的疏通和调节的内在要求，但是他们不着迷于被禁止的诱惑也不着迷于恶欲之谜。

● 中国与精神分析

其实，关于道德，中国人很可能展现了我们不断在万物进程当中所侦察到的，譬如生物学家研究探讨细胞死亡现象以及细胞因分开

---

① 此处，作者在一句话里浓缩了欧洲主体性的发展史，其中"意识的自主性"指的是精神分析有关人的意识、潜意识与无意识的理论。（译者注）

隔离而与身体其他的器官和调节不通的现象；又如精神分析师将人的整体结构（逻辑上仍然凭靠我们欧洲人的理论想象）深入到对心理运作而作出描述，用滞（obstruction）、障碍（blocage）、固恋（fixation）来说明那些威胁心理的危险。此处没必要援引文化之间经验上的差异，只需要援引它们随着各自的立场所产生的可理解的差别。当欧洲人的思维从行动范畴（让西方人得以塑造道德观）过渡到进程范畴，它就会合理地与中国思想所发展的观念交会（不过，欧洲人的"抉择"、"意图"、"自由"的背后都有"我—主体"，这些观念在中国则很少被发展）。当精神分析对我们说，患精神官能症的人以多多少少乔装的方式，固恋着某些满足他的模式或某些对象或者某种关系，而这些事物都因他无法脱离它们而变得对他有害。我们在这个说法当中看到精神分析承认一种发展能力倾向，由此生出某种能力。佛洛伊德不需要等到描绘性欲的时候才用不同名称（"心理程序减缓"、"黏着性"、"惰性（无力）"等等）来描述人多多少少倾向于固恋某个对象或某个阶段，因而人在投注上要作任何改变就很困难。对我而言，这似乎应和了中国人把恶看作沉溺萎缩—胶着（enlisement-engluement），也应和了中国人在道德上最终同意的绝对价值，不让该绝对价值被任何目的性吸纳，那绝对价值就是，已启动的"变化""在进展中"（l'être-en-cours）总是"通畅"的（fluide），因而持续地"道通"（viable）。

● **如何理解在纳粹集中营里的恶**

我们承认纳粹集中营是一种极端形式的邪恶，"极端的"邪恶（但不是根本上的），因其触及了极限，甚至把邪恶的极限没节制地推得更远。我们倒是很快就惊讶地看到，集中营的见证人或历史学家对在理论上解释集中营里的生活感到措手无策，至少当他们拒绝（这是最常见的例子）回到善恶二元论肤浅的邪恶行为的说法的时候。一方面，我们知道，纯粹的临床性概念对集中营的分析而得出（虐待狂一类）的非常态情况，只符合一小部分非常有限的例子；另一方面，传统上用奥古斯丁的诱惑—僭越的说法所援引的某种恶欲或恶意，也反驳了人们强调的集中营里所犯的邪恶的主要特征。因为在集中营里，即使那是极其疯狂恐怖的，邪恶不再是耸人听闻的突发事情，而是日常持续发生的事情，邪恶的"行动"形式因此消解了，人们也无法度量它的开端和结束。还有，邪恶是由一些连受害者（譬如普里莫·莱维①）都承认他们是"普通人"的人们所做的，正因为他们是普通人，所以更具危险性。此外，独裁政权及其形成的条件（顺从政府、教条主义等等）应该为那样的罪恶深渊负全面性的责任，这说法也无法直接解释众多个人行为的不道德——也有相当道德——之举（引述了一些杀人者的有人性的姿态，是姿态而不是行动）。如果恶魔式的发病类型和为恶之欲的形而上预设，这两者都无法解释集中营里所犯的"甚至要使人主体里彻底去掉人性的"那种邪恶，我倒试图用其他的道德概念来解释，至少试验那些概念是否得以成立，就是从"把意识构想成道德性的器官"的角度来处理邪恶：亦即人意识的麻木和瘫痪，就如器官的麻木和瘫痪，人与人互相联结的道德感一旦冷漠就会导致人固恋于硬化的并且变得完全平凡无奇的行为举止里。此刻，人对威胁他人的"不可忍"的反应（由此流露个人存在之间的互相支持，亦即孟子所说的"仁"）就会滞塞。特别是很多研究分析使用

---

① 普里莫·莱维（Primo Levi, 1919—1987），犹太裔意大利化学家及小说家，曾在纳粹集中营里度过几年，是奥斯维辛幸存者当中最有名的人之一。（译者注）

"闭塞性"（étanchéité）概念以解释"普通人罪犯"的人格自闭于"分隔"里（compartimentage），这种说法已经变得平常了。我认为这现象似乎呼应了更一般性的"不通"（non-communication），这"不通"既发生于人的内在，也呈现出人对外在世界不再有所感应。中国人早就识别出"不通"是"恶"之源。

- **关于道德的间谈（*Dialogue sur la morale*）；通—情（*communication-émotion*），化—推动**

我们在此使中国与欧洲面对面。中国一直用过程思维来思考道德（人总是顺天道而行），而不是用个体具有意愿的、统一的、有动机的行动来考虑道德。欧洲思想这边则发展了一种主体哲学（une philosophie du sujet），主体从自己内在冲突出发去感受他的自由；然而，我认为这类的对比太短促。因为我们有权说，那会是用很少的案例去做出经验上和道德上的"共通"（commun）。我们是否尤其无法将"化"与"通"的共同要求（中国通过该要求认为道德邪恶是固恋不通，因而说明"化"与"通"的重要性）带到"主体"范畴里？这范畴是欧洲思想在理论上（壮烈的）征服，但是欧洲思想总怕主体自闭于自身孤独里，就如主体向来抱怨在"在世"（être-au-monde）的自然性的对面突然涌现出"应该如是"（devoir-être）的断裂（即使现象学曾试过把它们二者连接起来）。

——有人可能反驳说，我们得怀疑那些贴上去的借用，或者更糟糕的，怀疑那些文化之间看起来像某种"综合性的提议"（motion de synthèse），既平板又勉强。

——我们可能辩驳说，不过，此处难道至少不是一个可以使主体放弃他的"自我性—同一性"（ipséité-idnetité）以琢磨主体范畴的机会吗？在主体的地位之下总有"心灵"(l'âme)潜伏着，我们就根据以断裂来发展的进程范畴去考虑主体范畴，甚至与之竞争。或者用另一种说法，从欧洲思想的内部来说，难道不该甚至在精神分析的内部里恢复过程观(notion du processus)，并将它转用到道德上面吗[①]？

——人们会说，"通"(communication)看起来确实被糟蹋了。

——的确，"通"必须不再被理解为技术上的贬义甚至虐仿(手机以及所有网上杂物，等等)，而是具有严格要求的意思，亦即我们连于世界的悸动——如同中国人所建议的"与之和谐"——并让活力流通于自身里，而不让人"思"(prendre conscience，孟子的思)的能力麻木不仁。最广为人知的评语好像更能保留"源—哲学"的影响：譬如跟我们的亲人之间(孩子，父母等等)，别让"不言出"之墙竖起，不论如何要继续"沟通"(communiquer)，等等。

——至于"化"(transformation)，它岂不是过分现象性的，因而不适合言说道德的理想性吗？

——在这方面，没必要分别改变世界和自我变化：孟子说"化之"(transformer cela)，就说出了它们二者是不可分的。如果我们要翻译"化"，必须强调"trans"，它表示过程和持续地向对方他者开放以避免自身萎缩，胜于强调被定义的"形"(forme)。"化之"的结果也会不让他者成为某种目的性的形象。因为这种进入他者本身就是"推动"(promotion)。是推动而不是高升(élévation)，因为高升过分连于宗教的纵向性。我认为"推动"(pro-motion)才是准确的用词，因为

---

① 根据作者的解释，从笛卡尔到康德，都认为主体是独一无二的，具有明确的身份定义；自黑格尔以后，人们所认可的过程概念倒是与主体概念竞争。此处作者提出"进展的主体"(sujet évolutif)，使过程观因进展的主体而具有道德性。(译者注)

它让人听见一种资格不是来自顺从某个价值轴心和阶级，而是来自前进本身的运动。

"进展的"主体

"我"（Je）是过程—发明（渐进性的），不再抱怨瞬间即逝并且对"取得—固恋"（obtention-fixatioin）保有警戒之心。生活（欲望、思考能力、不安，等等）继续从那儿自我推动、穿越、静思但不萎缩，就是说，以变成"不同于己"来脱离自己的衰弱：这不是匆忙赶"往"（vers），而是用离开（自己）来抵达（arriver）"我"。

越出反面性之外： 丑陋、卑鄙、痛苦

● 恶： 过时失效的观念

说到底，"恶"岂不像一种懒惰的观念吗？不论如何，像一个反省不够的观念，像一个太仓促的手势，其中有惊慌，好似它让自己的足迹通过多种语言而变成化石，以便零乱地悬挂它的害怕、痛苦及厌恶吗？或者与之相反的，悬挂"诱惑"。思考，首先就是要识破那种混乱（智慧的主要功劳不就是处处确实地开始把"恶"从那些感觉里剥离出来，以便能思考那些感受本身并超越它们吗）。说"恶"像懒惰的观念，就是说，它太初级了。这不是因为该观念保留了异质性和混杂性，人们曾经为了建构它而作出努力，一直到神义论结束时，它仍然在道德—物理—形而上（moral-physique-métaphysique）这几种涵义之间左右为难，它首先就在复数形和单数形之间猛然逆转：[复数的]资产与[单数的]善（les biens-le Bien）之间的分别和[复数的]恶疾与[单数的]邪恶（les maux-le Mal）之间的分别是不对称的——恶不只是恶疾的实质或绝对化，它还挖深人的幻觉深渊。说"恶"像懒惰的观念，也不是因为这样的观念在形而上依附于那个将恶树立成敌方(甚至是得胜的敌方)的善,或者把恶降为善的影子而成为空无;或因为该观念维持对神话的依靠,悬置于神话向来使用的某个故事结构(堕落),而使人不仅可以述说恶还可以思考恶;又或者,即使所宣告的审判具有绝对且明确的特性,该观念仍然不可救药地保有某种意识形态,就是恶的内容不停地改变,正如道德理论家向来就注意到的,在不同的时空里——不同的风俗里——它的内容可能被看作是一种善(蒙田著作当中这么认为)。

该观念在使人凸显出而进步之后,却使人退化

人们一般想比较温和地在功能上应用这种恶的相对化,但是恶的相对化并不能解救那逆转成"退化性的"恶(régressif),那是在开拓人的内心及使人脱离沉默的依附机制而使人进展之后却在其内部发生的退化,甚至退化到一个幼稚的地步。尽管人们如此使恶相对化,但是在恶下面存留着古老的恐惧,好像要歼灭人的吼叫,没完没了地持续弥漫着,那是神义论努力要有序地安排恶的观念并将之提升到贯通道理(cohérence)的地位,但都不可能完全处理的。它里面总有残余的颤抖和歇斯底里的恼怒,简而言之,有"恶"则总会出现一种肿胀作用,许多尝试把该作用逻辑化的努力都很难将它清除掉。

• 反面性给正反逻辑推理提供了服务,却没为道德提供服务

与"恶"这个懒惰观念相反的是取代恶的"反面性"概念,这是那条通到黑格尔的神义论的漫长历史所抵达的,它确实产生了一种推理作用而在概念操作上很有用处。但是正反逻辑推理上的反面性却无法在道德上发挥作用,因为它在衔接它并使它合作共事的整体性里能整合所有的命运,不论命运的规模大小(人民/个人/冲动);然而它并不指出个人应该如何举止。逻辑上的反面性确实有操作性的清

晰,甚至公开明显地抛掉所有的残迹(宗教性的或只是感情上的),它正是因此受推荐;即便如此,它不是一个实践性的观念(可是"恶"的概念既是实践性的也是戏剧性的)。

反面性在逻辑上整合入"现在"而免除了一切将来的回报

我们最终不得不反向地再次上路,这一次则从黑格尔上溯到康德。由于反面性的推动,"我有希望的权利吗"(qu'ai-je le droit d'espérer)这个问题就在根本上彻底改变了,或者说,该问题终究被吸纳了,因为不再需要"希望",希望是假设(并等待)某种合理化或将来的回报;而是需要"理解"(com-prendre)①,此处强调"com"的包含性意思。至于"我必须做什么"(que dois-je faire),只要伦理还抗拒而不让自己消解于历史整体里面,黑格尔所提出的反面性就仍然默不出声。因此,我们必须求救于别的用词以处理那个哑然的反面性所遗弃的事情。我提出至少三个词,它们都越出了反面性,都拆解了恶太没耐性就覆盖的东西,并且根据三个在我看来是各自独立的视角来衍射恶(因为它们是独立的,所以恶不能吸纳它们),它们不再保留恶那幽暗的后遗症,道德的"纯粹性"就是受到该后遗症的威胁。

用什么词汇来取代"恶"以思考人的行为呢?

(1)第一个词是"丑陋",道德要求评价和判断的操作,没有该操作,道德会失去其良知而不能作为理想(审美评断最能纯粹地展开道德要求)。(2)第二个词是"卑鄙",面对威胁我们里面的"人之为人"的"不可忍",我此处称之为"卑鄙"(l'abject),道德对卑鄙最初始的反应是,立即的而且没有协商余地的抗拒。(3)第三个词是"痛苦",道

---

① "com-prendre"(*ie.* prendre avec)表示一起抓取、理解,所以理解就是我们把所有的因素一起取来审察分析。(译者注)

德不可能从感情抽离出来，尽管智慧建议"不动心"（这就是为何我将处理人的痛苦）。

思辨平台上现代性的二选一

如同各地的思想家们的耐心所显示的（譬如欧洲的斯宾诺莎或者宋代的理学家），最后的结果是搁置恶的意念，在某个程度上抛掉它，好像它太臃肿而笨拙，而不是去超越它。超越恶，而不是放弃道德。

● *道德来自判断，然而情势内在性的"丑陋"不会牵涉某种外在的秩序*

假如这是关乎用艺术化手法来避免每一种道德论所透露的可疑之处，或者假如我们满足于文化上回溯到不满情绪的上游（基督教自此之后透露该情绪①），而回到基督教之前的甚至柏拉图之前的那种"美先于善"的理想（希腊人把美的理想放在善之前：他们高举"又美又善"，le bel et bon, kalos kagathos），就肯定不需要用"判断为丑陋的"（laid）去取代"判断为邪恶的"（mal）②。"邪恶"与"丑陋"两者之间的差别是根本上的，首先由于：假如我宣告某个行为是邪恶的，我就预设了一个超越性的价值平台，我以此为名义去作评判（"以此为名义"涵盖了所援引的外在性）；然而当我说该行为丑陋，我只在特殊情况之下去判断它，我于是画出了极限和图象，丑陋的行为就在这个圈定的范围里面犯下的。说该行为丑陋，是在揭发该图象失去

① 隐射《旧约》里的约伯（Job）向神发出不满的怨言。（译者注）
② 作者指出古代希腊人把美放在善之前，丑就是在恶之前，因此不需要考虑用前者取代后者。（译者注）

了光泽，因丑陋的举止使它有了"污点"，它里面的人性没被推动却反倒减弱了。因此，在从邪恶移到丑陋的过程当中没有相对化或主观化，而更多的是从所犯的行为之内在性和人的自我反思出发去做论断。

我们可以说：说谎是邪恶吗？

譬如，宣称说谎有何用处？因为不管康德的主张，我们都知道（"知道得很"（sait bien），或者比较是我们"清楚地感受"（sent bien）：就是"智慧格言"（sententia）一词里的"感受"（sentir）），"说某人说谎"这样的断言是不能绝对地说出的（说谎很明显地可以为某个更高层的目的服务），并且在道德上，说谎只能相较于收听谎言的对方才可被评断，因为谎话跟爱情一样，总得有两个人才能进行（或者对分化的自己说谎），谎言甚至基本上是一种回应。因此，没必要在这件多多少少令人怀疑的说谎决疑论上钻牛角尖，也没必要替谎话呼求一种法规上的例外地位。因为假如我必须对待他者如反方（adversaire），或者更糟的，如敌人（ennemi），在策略上并在逻辑推理上，不可避免的是，我不对那个人说真话（甚至寻求引他误入歧途）。

但是说谎也许是丑陋的

然而，宣称说谎是丑陋的，这是判断说谎此刻损害了已经建立的或者可能建立的关系，根据康德为审美所提出的反思性判断并呼吁该判断具有普世性，那是可从任何人的观点出发去考虑的：说谎是丑陋的，这种丑陋是关系性的或者说是（处境上）组合性的（compositionnel），但不是相对论的；说谎所背叛的"理想"并不是（懒惰的）规范性的理想，而是那种要求每一次得在内部自我重新组建的理想。道德不是一开始就给的，不是一旦标示出就永远如是的；更准确地说，道德是每一个时刻要去发现的。

从"应该如是"到"能如是"（Du devoir au pouvoir être）

用"判断是否丑陋"取代了"判断是否邪恶"，我于此看到至少在理论上有双重收获。（1）根据行为所发生的情况并且按照该情况的要求来评估行为，我就可以避免把该行为跟我无法奠定的价值观建立关系。（2）与此同时，评判某行为是丑陋的，我便表达我对它的论断是不具有利害关系的（我们知道，没有利害关系正是审美判断的本质），我是（"静观沉思地"）就行为自身来考量行为，因此不在乎由它产生的作用（譬如个人对它的计算和利益会带来的效应）。同理，假如我判断说，懒惰是邪恶，我是因为有一些原则没被遵守而如此认为：譬如有人没遵守工作是一项"义务"（un devoir），没遵行"工作—家庭—祖国"（travail-famille-patrie）①等等。不过，假如我说，懒惰是丑陋的，我是因懒惰自身显如某种失去或某种损害而说的，这么说就暗示我憧憬（与利益无关的）我自己或者别人是好好工作的。换句话说，相比较而言，不是出于（可能被强迫的）义务，而是出于"有能力如是"（pouvoir-être），就是那种推动人的"可以如是"（pourrait être）。不是因为不应该，而是不合宜（con-vient），此处仍然强调 com 的强烈意思，亦即合宜性或者适宜（decu）②。这种合宜性并非因社会性而取得的而是在道德上（就是说理想上）取得的：此处没假设任何义务，但有对理想上某种要求的仔细审察。此外，"邪恶"和"丑陋"要求不同的矫正。邪恶一宣告逮捕就判罪，要求恶人转入善，或者邪恶会自闭于反常性的堕落里。然而，被具有批评性的眼光所揭露的丑陋，则

----

① 这是法国人长久以来的价值观之一。（译者注）

② convient：适合的、合宜的，原词表示"一起""来"（Con-vient）。拉丁文"decu"表示适宜之事物，引申作"装饰"、"荣耀"。（译者注）

让人分析为何（如何、从何处）这里曾经有过缺点，之后，则让人探索如何重新处理它（好比我们重新说一句话或重新画一张图），用心地修正它。

● **道德暗示拒绝；卑鄙（*L'abject*）；道德上的"宣泄"（*abréaction*）**

不过，道德不只是评估性的，它暗示所作的决定是要实践的；道德难道没要求排他性以便留在理想层面上吗？卑鄙不再是来自决议的层次而是初始之际就被宣告判刑了，或者说，已经宣告判刑了。因为卑鄙这词本身来自展示：被揭发为卑鄙下流，这不仅被判为不好，还犯下把不好推得"远离"自己并"投射"该不好行为；这个词相当于"执行"（exécution），尤其在政治方面。将集中营里的人所服从的条件"判断"为代表一种极端的邪恶，甚至代表"邪恶"，不论人们感受到该邪恶的强度如何，该判断总留在一种永远是评估性的态度里。但是，把集中营的条件看作卑鄙下流的，或者更好的是，认为必须丢弃它，这就是一开始即表态，表示要反抗它并且消除它。如同精神分析把宣泄看作精神发泄，主体用"发泄"把自己从威胁他心理的东西里解脱出来，把卑鄙（l'abject）投出去、宣泄（ab-jection），必须从主动的意思理解为：既是立即的又是锐利的排除反应。此刻，在我们里面会制造危害人性的任何可能性都会被撤掉了。

● **面对不可忍而作出的立即反应**

我们就"发泄"这一点更进一步地细察精神分析和道德之间的平行，就会对发泄过程具有慎戒之心。精神分析告诉我们，缺乏精神宣泄的话，必定会在无意识状态之下让导致神经官能症症候取代宣泄。

同样的,面对道德上的卑鄙所表现的软弱反应,将使我们在没察觉之下让越来越强烈的暗中破坏人性尊严的事情埋藏了。在这样的阶段里,不论是伦理层面或是心理层面,若犹豫是否寻求妥协,就等于宣告灾祸了。孟子只作出这个诊断:每一个人都有他"不可忍"(ne supporte pas)的事情(亦即临到别人身上那令人不可忍受的事情);每一个人也有其"不为"(ne fait pas)的事情,也就是,他不同意去做的事情,否则,他"非人也"(n'est pas homme)。(我们注意到,此处的"人"不是位于主词的位置而立足于圈定本质的定义上面,是用作谓语,以定义一种归属关系,因而根据遗传学的观点建构了道德特有的共通性。)

道德建立在先验性的拒绝

孟子说,从此就涌现那将开展成道德的事物(甚至在经验上可以核查的事情):道德就是凭靠那种先验性的拒绝(面对不可忍的事情并且先于经验的拒绝),当道德不想依靠某种已建立的秩序或者某种外在的原则,又或者当道德不想只是在经验上(相对地)被定义,而是当道德要在它自身里找到那奠定它的自我证实,也找到它为了叫人服从而需要的能力。

• 否认痛苦;然而"过程性的"主体①对"失去"有所动心

我们很惊讶地看到中国那边和我们这边,为了压制痛苦,在很多世纪中所作的努力,以及处处在修辞上所花的力气,但总是无效。在这方面,神义论所作的扭曲确实是双重的,好像人们可以用粗暴

---

① "过程性的主体"(sujet processif)就是上一章所提出的"进展的主体"(sujet évolutif)。(译者注)

(rudesse)来弥补分析错误。神义论论证既拐弯抹角又强迫人：它们拐弯抹角地看待反面性，不承认反面性与正面性同样是原则性的，不承认"善的"也需要把自己推离开自己或者否定自己，才能不丧失自己而自我操练；与此同时，它们强迫人们不承认，对痛苦的反面性作用的感觉正是使人有"人之为人"的资格（ce qui qualifie l'humain）。贤人必须做得好像他没痛苦、坚强不败并且用不动心来自我提升。然而为何要把二者混淆呢？我们理解那些人们所抱怨的恶疾都能显出某种贯通道理（une cohérence），不论该道理只是"句法的"或者只是历史内部的正反合运动逻辑的，这理解并不暗示人们必须把参与生活的"感动"好像什么"弱点"似的要从己身排除出去。因为"共取（理解）"（com-prendre），就是同时取这个"和"（avec）那个，就如它们是一对的。"共取（理解）"才可以使正反有逻辑性，并且让人可用"共取（理解）"能力去消除徒然的期待或荒谬的恐惧，但不会因此造成"冷漠"（apathie，亦即希腊人的"apathie"以及孟子所说的"不动心"）。所有国家的贤人智者们都用同样的斯多葛学派的姿态——稍有衣褶并戏剧性的姿态——贴近该不动心，他们便是以此摆姿势。斯多葛学派人士声称他们打开了一条通到内在性的路径，但是他们用命令式进行的：那只是没有功效的僵化（inutile raidissement）。我看到生的作用隐含着死，因此死与生不可分（我因而可以不再指责和哀求），我"同时"让自己对失去"有所动心"。我拒绝[听]抱怨，但是保留[我听到的]痛苦。如果有智慧，那么智慧就总是敞开自己，让（即使是痛苦）穿越、发展、过境，而不是关闭，即便是英勇的关闭。

彼处如此处（Là-bas comme ici）。我们在《列子》下面这个段落里读到面对痛苦的障碍：

魏人有东门吴者，其子死而不忧。其相室曰："公之爱子，天下无有。今子死不忧，何也？"东门吴曰："吾常无子，无子之时不忧。今子死，乃与向无子同，臣奚忧焉？"

此处，列子这位道家贤者所赞扬的不外是：拒绝承认创伤性的感觉，或者拒绝我们普通称之为"否认"（déni）。《列子》一书因系统化而僵化了，就失去了《庄子》那种极其巧妙地卸除人的防备的流动性。上述的那个段落里所作的强迫的理智论述是无用的，因它不能掩藏这个事实："死后"绝对不会像"死前"。一个儿子出生了，长大了，有过欲望，活过，人之性通过他而成。人后来"回到"囹圄里，这不等于它未曾存在过。或者说，我们看到它被戏剧化的恶带到无依无靠[1]的景况而呼求一个生存目的，"存在"最终是可恢复的，因为存在此刻适时地让人必须重新听见不可否认的事实：这个儿子确实存在过（好比我们说剧中某个主人翁不是想象的而是曾"存在过"a existé），此后家人就要守丧了。

● 生活/存在

说他"活过"（a vécu），可以只是委婉地表示"完了"（c'est fini）[2]，就如人们打开［死者的］房门所宣告的，那人的生命就永远折叠起来，回到它的沉默里，送回到死生轮回当中：它过去了。但是，说那生命"存在过"（a existé），就暗地里捕捉到它的反面：这么说是将该生命

---

① 此处指涉黑格尔对"存在"的解释：这是有目的性的存有，德文"zu"，法文"vers"，"往"，而且最终通往死亡。作者朱利安于是说，即使儿子死了，这个人也确实存在过：东门吴不能否认他的儿子曾经存在。（译者注）

② "c'est fini"委婉地表示"完了"，亦即"死了"。（译者注）

写成一份完成（un acquis）——尽管它最终将沉入遗忘里，并且使该生命走出无常而把它安置在本质性平台上（如同人们说："在他里面最终……"）。我们可以细分生活与存在，而该细微的分别却不必通过信仰就能使看事情的视角翻转；从此之后，肯定不必非此或非彼不可，而是从它们的间距出发，在它们之间，让人瞥见（entre-voir）。与其匆促假设一个意义以追求某个"之外"（au-delà）①，与其深思熟虑地设定一些目的地（或者殷切等候某些启示），倒不如将那在字词之间、在语言之间、在"传统"之间、在思想之间，开始之际只是细微的分别，确实地做成资源。让我们思考"之间"：在恶与反之间（或者在中国和欧洲之间）。让我们使一方脱离另一方：使"存在"（exister）脱离"生活"（vivre），或者反向地，使"贯通道理"（cohérence）脱离"意义"（sens），又或者使"智慧（贤）"（sagesse）脱离"神圣（圣）"（sainteté）；让我们在描画的分岔当中，重新打开那些甚至是在思想内部的新的连接点。我们只有琢磨思维上的分异，才能期待获得思想的可理解性。与其让可理解性往信仰强烈依附的模糊晦涩的顶峰上发展，倒不如从最近之处出发，亦即从细微差别出发，而开始深入其中。

---

① 此处指的是形而上的"之外"，即非现世的"彼世"。（译者注）

图书在版编目(CIP)数据

画中影/(法)朱利安著;卓立译. —上海:华东师范大学出版社,2017

ISBN 978 - 7 - 5675 - 6090 - 1

Ⅰ.①画… Ⅱ.①朱…②卓… Ⅲ.①哲学思想-对比研究-中国、西方国家 Ⅳ.①B2①B5

中国版本图书馆 CIP 数据核字(2017)第 026624 号

上海市版权局著作权合同登记 图字:09 - 2016 - 300 号

画中影
——恶与反

著　　者　【法】朱利安(François JULLIEN)
译　　者　卓 立(Esther LIN)

策划组稿　王　焰
项目编辑　张继红
审读编辑　张予溆
责任校对　林文君
装帧设计　崔　楚

出版发行　华东师范大学出版社
社　　址　上海市中山北路 3663 号　邮编 200062
网　　址　www. ecnupress. com. cn
电　　话　021 - 60821666　行政传真 021 - 62572105
客服电话　021 - 62865537　门市(邮购)电话 021 - 62869887
地　　址　上海市中山北路 3663 号华东师范大学校内先锋路口
网　　店　http://hdsdcbs. tmall. com

印 刷 者　常熟市文化印刷有限公司
开　　本　890×1240　32 开
印　　张　6.75
字　　数　155 千字
版　　次　2017 年 8 月第 1 版
印　　次　2017 年 8 月第 1 次
书　　号　ISBN 978 - 7 - 5675 - 6090 - 1/B·1064
定　　价　38.00 元

出 版 人　王　焰

(如发现本版图书有印订质量问题,请寄回本社客服中心调换或电话 021 - 62865537 联系)